T0198854

Perplexing Puzzles
(circle a word) with
Intriguing Topics

May my uplifting energy and enthusiasm, for the puzzles, flow freely through you as you work the puzzles.

"May the puzzles peak your interest to such an extent that you try something new."

Nicole Rachelle Sprankles

Please look for other books by this author.

PERPLEXING PUZZLES (CIRCLE A WORD) WITH INTRIGUING TOPICS

iUniverse books may be ordered through booksellers or by contacting:

iUniverse
1663 Liberty Drive
Bloomington, IN 47403
www.iuniverse.com
1-800-Authors (1-800-288-4677)

Because of the dynamic nature of the Internet, any web addresses or links contained in this book may have changed since publication and may no longer be valid. The views expressed in this work are solely those of the author and do not necessarily reflect the views of the publisher, and the publisher hereby disclaims any responsibility for them.

Any people depicted in stock imagery provided by Thinkstock are models, and such images are being used for illustrative purposes only.
Certain stock imagery © Thinkstock.

ISBN: 978-1-4917-8639-0 (sc)
ISBN: 978-1-4917-8638-3 (e)

Print information available on the last page.

iUniverse rev. date: 01/14/2016

Contents

Machine Processes

```
M I  L  L  Z  O V U  I  D  D  A  B  M A  G  B  N
G E  W A  S  M A  S  S  E  C  O  R  P  N  L  M O
N H  U  G  E  L  L  I  F  N  A  U  F  I  A  G  S  C
I  T  O  T  N  P  L  A  N  I  N  G  K  I  N  A  A  A
R A  A  E  O  I  B  O  G  K  N  R  R  I  W S  G  S
R L  G  I  H  R  P  N  E  I  O  E  N  I  T  M N  I
E  B  N  T  C  T  I  M H  W T  R  N  O  S  U  I  P
T  O  I  H  E  L  A  C  A  A  U  G  C  S  H  C  R  R
S  P  H  Y  I  C  A  L  M T  N  N  S  G  I  E  E  O
A  R  S  F  H  O  H  V  G  O  S  I  B  N  C  N  T  C
C  O  I  I  R  A  G  N  O  L  K  D  S  I  O  B  N  S
I  C  N  B  G  E  I  N  O  M L  N  S  M R  R  I  B
N  E  R  A  O  L  V  O  I  L  E  I  O  A  P  E  S  L
U  S  U  R  L  R  Z  I  B  T  O  R  M E  K  S  L  O
O  S  B  I  E  Y  I  M T  N  S  G  D  R  Y  A  S  T
C  E  M N  O  A  X  N  C  I  L  A  Y  O  T  L  A  F
A  S  H  G  E  P  R  A  G  O  D  I  C  H  I  Y  B  E
N  O  I  T  A  C  I  R  B  A  F  D  E  G  C  H  O  R
S  H  A  E  N  U  J  G  N  I  E  N  A  I  T  Y  K  W
```

LATHE (2)	MACHINE
MILLING	METAL
TECHNOLOGY	WORKING
TURNING	PRECISION
FILING	MATERIAL
REAMING	BURNISHING
BROACHING	ADDITIVE
GRINDING	CASTING
PLANING	STAMPING
BORING	FABRICATION
SAWING	REMOVAL

Board Games

```
O X Y I G E A Z O C F W C D O H Y W O Z A S U
B E T W I B F P E P A H H A S F N A B R E U F
D Z F S S R E I E D E R Z N N O T F E L R Y U
E D E N A R E R L S B B R E M E R C B I A W O
O L I G A I F A S I E N S M S Y Y R E H A E H
Y B B T H E M D N B M B A S L E A D Y N E F F
W W I U C E N G D T A G U O E M D X I Z N O S
I O P T O X O O R A K T P C L J Y A T A B O T
N D I A R R I K I C L O T E I W E H R U G I C
I O T G R E T B A T N D Z L F M A N D A U S H
N F E Y I T C B G O A B N O E Y M N G S H E R
F E U O R W E U M R X V I A N S A U R A D C Y
O L L A K A N S E C A N A B S L H U R T A C I
X E C B I Z N A U C M S U R Y E P I T S X A S
X R V B B Y O O F O H S I D G L T U P A W K E
F I S O C A C E I M M E N W A G D U H N C O B
A S W E L L R F B T E A B I T T A C H A A F X
G O H S R E K C E H C M V E P A H S J C S O U
Y C E X H I A R S U E I A O B N R E T S I W T
F U Z D U R A G I F R M P G D R E F M T I R F
O W E Q O M D I H T A N Y X I Z A J D W E B B
```

BACKGAMMON

MONOPOLY

TRIVIAL PURSUIT

CONNECT FOUR

AGGRAVATION

RUMMICUBE

PICTIONARY

MOUSE TRAP

CHECKERS

YAHTZEE

TWISTER

TROUBLE

BATTLESHIP

OPERATION

CHUTES AND LADDERS

CANASTA

CANDYLAND

SORRY

CHESS

LIFE

BINGO

JENGA

CLUE

PERFECTION

SCRABBLE

Baseball

```
A J Y T D S E R N I W N H R T N I L R D A E H
O C S T U R C K C A L B L D E E A L A H E K O
A P S L I E A C Y D I L A O T L T R I B E C U
L Y R T L D J L I L A Y C O D U H T E L L O B
F R E O C L O K A B O E T W U E B E O K I A O
L M G P L E U F T K M C B Y Q C H U E K N H K
O O N S D I T S E C L N A R T R B O L M E I T
R S A T U F A T E D V U E R E N A E K I R T S
M I R E C F A B O O M R N E V G O T C F W Y L
R A L E I U N D H K H R E K R V H S U G B O B
G F L W G Q G T S L E E T H U O E H N C T G A
Y L R S Y D E Q A E T T E N C D U I K H N S J
M O L K J R O E E S H E E A A T T Y M I O T N
J A K A B A W D K O N J I M A T A P H A L J K
Q U E Y B L E O N U M M O L A S J C Y O L I E
T Y C I U E D U A O E I V B L Y T I O C A W U
A B E J A I S K Y S R B E H M I T Y R F T C Q
I B M V S L A A T A B A L C P A W A O H B U L
D N E I B Q U E B N L C A N H T J K U C D K A
```

WILLIE	DODGERS
HONUS	RANGERS
JETER	SWEETSPOT
TEKOTTE	PITCHING
JOHNSON	CATCHER
AARON	CURVE
KERRY WOOD	KNUCKLE
FIELDER	SINKER
BASEBALL	STRIKE
PITCH	BATTING
YANKEES	

Chocolate

```
B U T T E R R A C Y L R A H C A R A Z L E A Y Z
A R U A D I T E L O R R A L L Y A E I I T R I E
R A E R R U H I S J H E A C U H R S S A N M A N
R H O O Q E Z E W E H R U B A O L U G E U D A I
G I K A R U G G A T K A Y A D Y A P H U E I K Y
O S I S U K E N U T R G O L K O Y H E A X S N M
B A H I L I D R I F I T U R C O O K A T T I O N
R E M I N A Y B A F O L A U J I E G O H I M W O
Y E M A H B L A C K R D L D O V P P R I L E Y T
R A D F A C I E M R L E N A I A X E T M H C O L
U R Y B B A N U K A R O T F C M E H O C S A S S
B U R R Y N K U I C M N E T M M R U N L S R K A
R A H E U L I C R L A K F R U E A O C A E G A H
A L O T L B E U A C A R E S A B T H I K A N U M
B E R R A P D U N T S I K L I S G O C T U C A R
T M T I S E C A N U W E L B E K O I T T C R R Y
M A V A Z E H N C E T U L L I G N L R R A I A A
M R G O K L N A B E V E R T U S A A U T I W N D
B A G A L T R R E S S A E B S I G L H V Y O M S
R C T R I A I R N A H D H V I E L O N K U N E I
Y T A L M O S K L C E N N T O C N E L L Y K A Y
A L O E P C E T A R I L S U F D E I E T M A Y T
L E L A C A T S E R A B S T O I M P A V R J P F
N L O L H E C A R K I H E D A M F O S T O F H I
O F I F H C T A W A T H C Z M A R C I Y A D A F
```

BUTTERFINGER	MR GOODBAR	BABY RUTH
SNICKERS	WONKA (2)	KRACKEL
CHARLESTON CHEW	HERSHEY	ALMOND JOY
MILKY WAY	SPECIAL DARK	NESTLE CRUNCH
CLARK	MARS	THREE MUSKETEERS
SKOR	FIFTH AVENUE	CARMELLO
HEATH	DOVE	WATCHAMACALLIT
MARATHON	OH HENRY	NUTRAGEOUS
ZERO	TAKE FIVE	TWIX
RESEES	PAYDAY	KIT KAT

Spanish Occupations

```
L O K I S S I L O V E H U G S J J E L
N H A E N Y C I S L N E R N L M A C H
H E R D G V D C A T Y O N C E B R U Y
N K O T L U I G H I S T O R I A D O R
U E H R O D A C S E P O E S E S I N J
Q N T D G S L L F I G R L H A S N M W
Y O R E I N E G N I R T B D T I E E O
K C A L D I K T L H A S N L A K R S L
T W B E R O O L T K N I D U P D O O B
E R A C K R O U F E J N A E S L O N R
N V J T P E R T F C E I T T P R D E O
A E O R H N E N F E R M E R A O R R T
O T R I R I M Z O C O L O R E T R A C
L E S C R R O S E F O R P D H C D O E
A A W I O A L A D E A D T E I O S Y R
I N E S T M P B H N R E N B I D R E I
C V A T U R L N S E N S P I R T C N D
P C G A P R A X R K A N D G H A R R P
```

ARTISTA	MINISTRO
ELECTRICISTA	ENFERMERA
DOCTOR	PLOMERO
TRABAJO	CARTERO
INGENIERO	PROFESOR
GRANJERO	MARINERO
HISTORIADOR	PINTOR
DIRECTOR	MESONERA
POETA	PESCADOR
SOLDADO	JARDINERO

Italian Food

```
D C J E T S E M U K C O J O T R A C K C O R
A H U F A V A C I G I M T N E I F A N T S A
M E M F O R E T E G A S O N P A N I N I N G
S E T L I D T R G H E T O I W O I R M T A G
E S I N B O E A M P K R G H C I L R A G S I
L E A F C O M R A I T G R I N Y S E F I E A
T R T I A R I N F S C S S A C O T U N A M N
A T N N O R G F E L L E S E V J G I O T R T
T A F F Y S E N U N A S L I N I S V N U A M
M M O S N K I G O F F A U L K S O U I N P H
G N N A T M E R G C U C P L I L E L N T P O
G K A L I N I F I R C I E R T O L E I F A M
R R P S L S N S U D N H G S N E O T S E P S
E I M E O C I N A Z A Y I O I C A P I R T O
A M I T I Y T A I C U T I R L F E N T T L C
T S T O V E S M M A O R A V D L O H P I N B
E O X T A S O O L R R I G L L T A X T U R M
M C R A R N R D T H R I A W A S I T N U K D
B I T T I R C E E F U S W G U S E M S I T R
E L L O A S L R V S A H I E N H N C P A I A
T R V A E L I F U G E R O F G O H I E A B H
N A Y K I T B L N H G I F A V E T U V E N A
E G A N T I P A S T O P P O T E V T U B G O
F F I R E L L E R R I S O T T O C I L R A G
Y X E L I M S B T G U D A I F F O R T V U L
```

ANTIPASTO	PANINI	PINZIMONIO
BRUSCHETTA	PESTO (2)	TIMPANO (2)
CROSTINI	RAVIOLI (2)	FRIARIELLI
FORMAGGIO	POLENTA	RIGATONI
LASAGNA	SPAGHETTI	TORTELLINI
MANICOTTI	TORTA	VERMICELLI
MARINARA	PARMESAN	ALFREDO (2)
MINESTRONE	GNOCCHI	RISOTTO (2)

Tools

```
J  A  H  G  U  O  D  R  I  C  K  T  E  Y  I  S  T  A
E  L  A  X  L  K  D  I  R  T  A  W  E  V  I  C  O  L
T  H  I  K  N  E  T  M  E  C  A  L  I  K  R  A  N  A
A  F  N  I  A  T  E  L  L  A  M  U  T  O  C  S  A  E
T  A  F  Y  W  C  L  A  M  P  I  S  W  U  Y  O  M  D
S  E  A  T  A  K  L  O  E  M  E  B  K  Y  D  O  S  E
J  Y  N  I  S  S  E  L  N  I  A  T  S  T  G  C  E  E
O  I  H  L  K  C  A  X  E  R  I  M  A  H  U  K  N  W
W  D  C  I  C  U  R  M  A  R  R  E  L  I  F  L  I  A
A  D  N  T  A  P  R  E  M  M  A  H  E  G  D  E  L  S
V  H  E  U  H  D  I  K  W  O  S  A  S  E  T  C  E  D
Y  O  R  S  O  L  Y  P  C  D  I  V  I  N  E  F  R  N
T  L  W  E  S  P  L  I  Z  I  R  O  H  I  H  H  I  A
A  O  L  S  L  I  M  V  A  V  D  I  C  E  C  C  A  H
L  Y  R  I  T  N  I  O  J  U  N  I  V  O  T  N  A  P
K  A  E  V  R  R  O  T  C  A  R  T  X  E  A  U  T  Y
I  R  C  O  Z  D  I  N  O  I  S  I  C  E  R  P  G  H
S  A  J  G  A  M  E  H  O  L  D  H  G  U  A  L  B  L
```

CLAMP	IMPACT
CROWBAR	CHISEL
FILE	MALLET
SLEDGEHAMMER	PUNCH
WRENCH	COMPOUND
RATCHET	ARC
SOCKET	JOINT
LINESMANS	PRECISION
PLIERS	HACKSAW
VISE	HANDSAW
UTILITY	EXTRACTOR
KNIFE	STAINLESS
DRILL	SCREWDRIVER

Space

NEPTUNE

URANUS

JUPITER

PLUTO

MARS

EARTH

SATURN

PHOENIX

VENUS

MERCURY

SHOOTING

STAR

COMET (2)

ASTROID

SERPENS

MOON

CONSTELLATION

SCULPTOR

SOLAR (2)

SYSTEM

PEGASUS

SCORPIUS

ORION

URSA

ANDROMEDA

CASSIOPEIA

CARINA

PERSEUS

PISCES

AQUARIUS

GEMINI

SCORPIO

CHAMELEON

COLOMBA

CYGNUS

DEPHINUS

DORADO

ARIES

CANCER

CANIS

MAJOR

MINOR

DRACO

CENTAURUS

CEPHEUS

MENSA

LYNX

LYRA

HERCULES

HYDRA

METEOR

Space

```
O S I P P E R S O C K W O M A R E Q U O T S
K P S U I R A U Q A S R A P X P I N N T U E
L G A M S I F E L T P U T S N O S O L V U L
U D U O C L A S E U S D R E W C M C L E V U
T R L U E C E R U N I U R U O D A R O D O C
O A X N S I A E E O U O N R A N F O S Y X R
R E B N R T T P R E N T P O C T H E I I O E
U R L A S U R E J I S I P E I O N T N J R H
P A T E U E T E M U O C R E P R S E A R O Y
R C E H S S Y A I O K N U Y N E O M C F K R
E A M Y A Y F N S L C W O L N H G S A O C C
T E O R G P S U N G Y C Y O P K I S S L A I
U X C U E I S T N C A R I N M T A I N P N B
L K A L P U T H E J E T A O T A E K E I R U
A V I L E R E T T M A A R E Y S S R M A R O
S E E H P A G R I L B D O L S R U E T J T L
R D P N E L N A L M L K E E A U G T L U A S
O E O T U O I E O Y O U S M L H I I L U N M
C P I H I S T L N V R P E A O G C P E O I E
J H S A T S O X U A L R K H U R H U R Y R A
A I S P N C O L N E C K Y B R E D J U O A V
M N A O J U H U L U A D O E R R A N U K C O
A U C E T Y S I R A R E U Q A U S T A F Y S
N S I T P E N Y M A K O V C L E A S G B I F
C A R D Y L K W O T E W O U F I N D A N A C
```

Musical Artist

```
G R N E R E Y E V R A H X E L A O P S
R H R F A K K Q U G M B F E A N C M J
E Q U E T D H Y E N S E H C I Y N A K
A F D T I F A A J O U R N E Y T N R V
T C R T U A L L E R E D N I C I O I C
Z L A E G U I C A T K E C A M C R K S
R E I S N T F O H G E R L R H E F A W
E D R I O S A U S Y U L K B A A A H T
N Z A R C N O E I V F I N G E O O S R
G E Y R K O H I H G N O L C O R L Q D
I P J O U I E A H J L E J E K U T I R
E P N M B P E I S O S H E A R T A E A
R E A L L R I H I C H I N U L A E R O
O L M E E O E E F S T N G L Q L M E B
F I E H K C T V W O I E I C E O A A Y
F N T C A S E I O M A D V D C X S C E
N A Z A R E T H L L F D A G I S A V K
K R A S D G U M B N F I L L M K E J B
D R I D R E Z I S E H T N Y S B D Z I
```

GUITAR	ADELE	EMINEM
AXEL	CHESNEY	DRAKE
KEYBOARD	SCORPIONS	HOOTIE
SYNTHESIZER	LED ZEPPELIN	BLOWFISH
TREBLE	FOREIGNER	CINDERELLA
KHALIFA	JOURNEY	QUEEN
SHAKIRA	LAVIGNE	HEART
MINAJ	EAGLES	LOVERBOY
SQUIER	FAITH	BASS
NAZARETH	MORRISETTE	ALEX HARVEY
MEATLOAF	AGUILERA	

Muscle Cars

```
U  R  D  H  R  I  T  L  C  S  U  ME H  O  S  E  H  E
C  B  R  O  T  T  ME A  O  L  G  I  ME H  O  U  L
R  F  I  L  T  E  A  O  L  K  D  C  A  I  T  N  O  P  C
I  MB N  MA A  MA R  O  R  G  N  A  T  S  U  MS
A  O  R  C  R  I  F  O  D  A  R  A  F  L  E  B  E  R  U
H  N  E  A  Y  A  S  F  C  R  MV R  A  V  O  N  R  M
A  T  P  R  A  B  MB I  C  J  A  E  B  R  D  ME R
C  E  U  L  S  N  L  B  H  R  K  I  C  H  O  K  B  N  O
P  C  S  O  H  T  O  E  L  L  E  V  E  H  C  C  K  N  D
A  A  E  P  MC V  T  H  E  I  B  S  U  H  S  C  U  A
C  R  N  MO Y  E  V  T  S  R  O  I  A  D  A  I  R  T
E  L  O  A  W  C  L  R  D  A  B  A  R  R  A  C  U  D  A
R  O  L  R  T  Y  O  P  C  H  D  G  MF D  Y  B  A  M
I  C  C  H  A  L  L  E  N  G  E  R  I  S  R  A  P  O  M
T  A  Y  I  U  C  K  V  I  R  S  A  R  E  I  V  I  R  O
ME C  Y  R  U  C  R  E  ME C  A  R  S  K  C  O  D
```

RAMBLER	CHARGER
CHEVELLE	BARRACUDA
CORVETTE	PONTIAC
NOVA	ROADRUNNER
CHEVROLET	HEMI
CHEVY	MOPAR
MUSTANG	MATADOR
COBRA	RIVIERA
SHELBY	BUICK
DODGE	DAYTONA
PLYMOUTH	SUPERBIRD
FIREBIRD	COMET
CAMARO	MERCURY
MONTE CARLO	REBEL
CHALLENGER	CYCLONE

Types of Muscle Cars

CHEVELLE
CORVETTE
EL CAMINO
CAMARO
FIREBIRD
NOVA
DUECE
COUPE
MUSTANG
CHALLENGER
CHARGER
CUDA
COMET
GALAXIE
LEMANS
REBEL
GTO
STARFIRE
JAVELIN
DAYTONA
SUPERBIRD
COUGAR
MONTE CARLO
MONTCLAIR
FACEL VEGA
MASERATI
POLARA
TORONADO

FAIRLANE
SUPER BEE
TORINO
CYCLONE
GRAND PRIX
DART
DUSTER
BARRACUDA
THUNDERBIRD
IMPALA
SHELBY
SKYLARK
RAMBLER
CORVAIR
IMPERIAL
WILDCAT
COBRA
TRIUMPH
FUELIE
BELVEDERE
FALCON
ELECTRA
FASTBACK
CATALINA
AMX
GTX
RALLY

Types of Muscle Cars

```
B Y F O G X A H F R R O G A B E L F E I M Y X O
D E C U M L T A K Y R I X N E M L P A L G E N N
T U G A B L C P H A B E A B Y B U K O N J A C E
N K S C A E L I M E Y L R L J O R S D X E F S H
O F U T L A T A H I T E E N C A D R T C C A T X
X M I V E A C G K R P T L H L T I G E A D O E K
I D E L R R I C C U E B E Y S B N U V H N A L B
G G Y E L L A R S R U G K V E U D O G I K G E B
A T S F F B L J E K P S N R R A N N M U X A G G
M A N O T Y A D I P Y H I E C O L A B N H C M E
M E H S H I E L W E M F X G L U C U E K P U F F
I L A B O V T I V H A I R R O L H A N A M U X E
J F U L L Y L G E R R I D A E L A N O T U I O L
I N A E L D U N U P B T C H A N E H L L I A J N
C L B E C I A L D U O B D C H O M A C E R R O S
G L U A L L U N I R C A R A L L Y J Y T T J A B
G U T I R E A N O B I R I M U R A E C C A N N A
U C H I R R A N A N E B B E H A V E N V E L I E
Y B A E G M A C J X S T R U A C L R E H K A L E
C F E N I D U C E G U I E E P E L L R G F L A G
A T E R O X U L U B B E P U D T I E T O E W T R
M I R A E D A C A D A L U H I N G Y N V W O A C
A C I T A B E L L R A S S C R O U I E N R M C T
H I F G E R E K A R H B O F O M R H R A B E L G
O X R A M M A L P G S R A G U O C E T L U G I F
B K A L A G O O M O V L E L T E T R E N N I L M
B I T N E P I C I A C A L F Y L L R I T B B O N
F I S D G Y H C I O V X O G E M L I A T A Y H C
O M A O L T O R N E J A G B X O J K E D I M E H
N L B G Y C K B G S Y M N A N I H E G H A F E P
```

South America

```
A H T U L V M R A C H I L P A J U C K U P A
G A I V I L O B L A A L E G A M H I A A I L
C V U I T I A H M M S R A M E A S B T B C A
A A C P A Z U I I S U O A K V S U O M U H T
R S K L E A L T R I N I D A D C G U L C F T
A E O E A R O I T H C Y N A P O L L I S R O
V U G H K B U A H A I A E S B O M E S A I M
E Q A A A P U H A R O W N A C R I I U N E C
N E B G R Z U C U T N I T I A H A U N T N E
E R O E I G O A I B M O L O C L S B C I D R
T A T W E L E P C A N I T N E G R A O A C K
N C S A U S L N A Z Y P A U J A E N E G R A
E Y A M N V I D T L U A Z B Z O G R I O I C
G L B I L U H O V I M E R I U L I Y A P O T
R I E L I H C Y A L N C L P O C O C O T U A
A V T E M I E G L E I A N A V A H I K U L W
G H O M A E B D V E N E Z U E C R E F U G H
```

VENEZUELA	BRAZIL (2)
COLUMBIA (2)	CUBA (2)
PERU (2)	HAVANA (2)
BOLIVIA	JAMAICA
CHILE (2)	BARBADOS
ARGENTINA (2)	TRINIDAD
SANTIAGO	TOBAGO (2)
LIMA (2)	HAITI (2)
BOGOTA	DOMINICA
ASUNCION	

Golf

```
D U O Y B E B O L N H U M I A N A H G O L I E
U L L O A T G P R E K N U B U H G T R U G C T
L O H U F I L D P T A D A E H B U L C R N C O
A L G R C A W V E K O C R N I N L O A A I U N
R N U E Y L I P T W K E L I G H H C T I P L G
T I O E D G A R N S N M O G V Y P S S U P N N
A R R Y O N N S W E I N I N N I T C H R I T I
L S O T U R W I B A T R E I O S N I C T H I P
U L H I G I N U K T Y H K K R U E G T I C P H
E U T R N G N A R N U T O O R P M U I H I G O
C A A G I K O B R I A L R O I A P A P T U N L
G U Y T E G A R T S L H T H E R I I C O U I D
H E R R O K N R A N L O S E T R U H R H A W I
T H E H R Y S I F T O N U Y T E Q U O G E A G
E P P I C A R R C T O U R N A M E N T D R R N
R H I E P T H O L I R P O G I E N I G N I D I
I T Y R R O A N P A L I P O L E K E L P A I N
C O G I G N I M I T R S P I D D R O C I R T N
O L U O E C A F B U L C U N N I N G R C E A A
H S L E G H O N U L C R E A T G G H C T A M R
O F T I C A R R I H T U S R A N Y R U H S U D
```

STANCE	TEE	STRATEGY
BACKSWING	SAND	DRIVING
TOURNAMENT	PLAYERS	MATCH (2)
CHAMPIONSHIP	GRIP (2)	PUTTING
DOWNSWING	TIMING	GRIP
PITCH (2)	SHANKING	AIM
CHIPPING	HOOKING	EQUIPMENT
FAT	DRAWING	STROKE (2)
WEDGE (2)	FAIRWAY	CLUBHEAD
TOPPING	ROUGH (2)	CLUBFACE
BUNKER (2)	IRON	SLICING

Horse Terms

```
E F A R N B A E V S O U R R O W I R E B U D Y
R O H E W R L I A S F U H S Y E H P O L L A G
C T A S S I N D Y E A O W A V I F E G S O N R
S H R A I D D E I D W R I H Y A E G E S O L V
I S N U R L O R N U O E R A E N M O Y L D O T
O R E T E E G A N F Q C K L K O C B R B E L A
F U S O T A L N N U I C U T C N H U L I F R E
Q G S I G H A R E R O L L E O N F C E E W A R
U N U R R I O S I D R O T R J O R N N R T E R
E A T A F O T R D L C A B A I H F F Y I T V H
S T O H R R O A N L A B A N G A S A H S C O G
T S O C I M P R L O N R R E O M A N R M Y U C
C U C A R Y E M A T I R E C T T F E O A L L E
E M N O R A N N A O R L E F I V E R W D B K B
R P O T U G R A M H E L L U V H R A R D A L B
E V R A S Y N C I U G F I C C Y K E H C H U L
M O B F E E B I D B R U G U T C S F U P C U A
F L I R T B H I L E A S O V O S F O L K A P S
L H R E T N A C O R I R E R A D E S S A B H A
S A G O I O A C H U A R A G B A W K O N N I F
I R V A H L H L D B P E E L U W I N H C U K L
F R E D L W R F R O S S Y D U N E G C U V E D
```

WHEELER	BUCKSKIN	CANTER
LANDAU	PADDOCK	CHESNUT
PHAETON	BROUGHAM	CINCH
ROCKAWAY	JOCKEY	COLT
STALLION	BAROUCHE	DAMSIRE
SIRE	BRIDLE	DRESSAGE
YEARLING	SADDLE	EQUESTRIAN
GALLOP	AMBLE	ENGLISH
FURLONG	ARABIAN	MUSTANG
HALTER	ARENA	FERAL
HARNESS	BAREFOOT	FLANK
CHARIOT	BRONCO	
LATIGO	WHORL	

Types of Nuts

```
Y F E B U D I K F J I V E B T W O S A L S K E
L M S A P T R H Y O R M N K U N H A L O H U I
U A N C A U D E I H A Z E A N G T U N N U K K
V G T Z R N U H Y C N T R E L A R K A A M O L
E A T A A D C O L N K T U N A E P C B D U C T
U M E R C A L L D I F O R U W I E F N M O A L
R P H B T E I D U L I N R O P P M O N E C N E
T U G S U R I G N T R U L Y I E M M A A A R F
J I I G N B B I A O L F L E I L E A F C B O A
E P U T T I T A R I N T A F A R I W E G G A L
K E I S S U U V A U L I U R C M O P U K E L B
G T L I E N N E S R U P P N A E L U N H O T I
D H R A H J R L N E Y L Y D O H L I P U T H N
A A H E C H E V E F I U A T L C G G E R C T T
Z U E C B O T A V Z E C U C L A O N L T O V U
O Q A A I L T F A A A C A L O T A C I E G U I
L A R X L E I R R M O H U S Y R A L I S K L T
L K T U W T B F N I S H T U H E N L O W G H N
U T U N E W S U J F A I H C U E F E D K J A C
G A J S M M D A B U C T E H A E W I B A T V H
```

PINON
WALNUT
HICKORY
PISTACHIO
PEANUT
ACORN
ALMOND
PECAN (2)
SUNFLOWER
HAZELNUT
BRAZIL
MACADAMIA
BITTERNUT

BREADNUT
RAVENSARA
PILI
JESUIT
SINGHARA
BEECH
CASHEW
CHESTNUT
COCONUT
KOLA
GINKO
FILBERT
LITCHI

Antique Cars

AUSTIN-HEALY
WOODY WAGON
COUNTRY SQUIRE
REO SPEEDWAGON
TOWN BROUGHAM
THRIFTMASTER
PHAETON (2)
STUDEBAKER
HOLBROOK
HUPMOBILE
LINCOLN
PACKARD
OAKLAND
TORPEDO
HUCKSTER
STUTZ (2)
LEBARON (2)
CABRIOLET
NASH (2)
TUDOR

FRANKLIN
VICTORIA
BONNEVILLE
MERCEDES (2)
CADILLAC
TUCKER (2)
TARTA (2)
ROLLS ROYCE
PHANTOM
SILVER WRAITH
SILVER GHOST
CHEYENNE
BENZ
CENTURY
STAR CHIEF
SPRITE (2)
RIVIERA (2)
FLEETWOOD
ROADSTER

Antique Cars

```
N I S T E D O L U H G E F A Y C I P V A E S Y F K
Y C R A L I V E S J I S E T B I G O P B O X E O G
R I G H I N E A H U Z E U R X A E H O D R R O I V
D Y X U B R N E R T Y D R I U S A T M N L R F J O
I S J O O B O E U T O E R D D E T O J A B B E D O
N T O P M A K T A R T C U G T E T Y R L I S E A G
I B L E P C S M C S R R A O G N T E O K R P H T Y
V R E C U L N I A I R E N D A R I H L A R J B I F
R A N T H E O M I H V M K H I B F G G O Y C U S E
C Y N O S A T D E I G Y P A L L E P T E I R G U C
A J E H O F E R R G L U N L B U L R A N E R I N E
B S Y C I M A N N A R I O H U E K A I K N U B R N
B A E R G O H C E I K P A R R A D L C O E T I A E
Y G H T I H P H Y L E C F Y B E K U G G I U L C C
E T C H A V N O D A L O A P E N T A T U Q J Y A H
F I H R T I I O X F F I Y P A E W H O S C O T B A
A E G T T L O E G Y A L V R O D S O Y E R A P I X
R H I S I W S E R A H I F E E A H R T S D O G N I
A J U H T A B E H A W O P E N T T I L S E D O M O
H A Y E C I R U T N F Y P G I N O L J A M R P P R
E V E Y R R C W I S E S D I U C O O M E A L D R E
A L O D I K A J R G O E E O R R C B R B A R C C Y
L E C R S I P T O E B H C A O G I C E V E F E R I
J T O T L G O F S A V I G X I W E L B T A N N R G
G I E B A N O R A B E L L R N D I T S A T I Z T H
A R F I Y R V O E D R E I G E N O D A U N T R I D
E P O G C A T E R T O V S S C V A L R R U T P F Y
S S T I X Y C A N N I P F O P O L Y A T T E C D I
R E T Y J D I N B E R R L Y R L S I S P L A E H L
D H C S A H O T R A N N P R I C B A S S D U G L L
O B I F G G R A B P F Y L S O H T E N D A P S A B
```

Peppers and Salsa

```
G R U K U Y F E T O J R O C O R R
O L N H E L I H C E P A L R E O I
D O S O L L I T A M O T D R D T C
E S R R Y G C A C Z D I A O T O E
C E B E G C F E T I O R R C B C R
H M I C N E O R U S H O R O T O I
E E B A I A L U S K P M O T O R N
L F A D C N B D N D I L R I D L S
I T B O I A T A A E C A B L O E N
H I A C C U O Y H E O H Y L K J I
C L O E H E D A U K D H R O C C E
E L G H J S N Y Q O E G I E A A C
V A D O V A F L T H G O C I L K N
A E C Z U B L F I C A F N O B E U
S S I K L D C A F S L L C U I I J
T Y O N A L B O P I L O T D X C A
R U L D H E O B A E O P L U F N M
C A L I A F R E S B N W I H E I S
T V I L D C I L I Z A O T Y U B U
O B J O W A O M L T R H A I C L G
L I A H G O I V L O R C D B I O G
L O U A N E J A A P E N C A L N O
I A G V C D O C L P S A U N I M B
```

ANAHEIM	ADOBO
HABANERO	CACTUS
JALAPENO	AVOCADO
POBLANO	PICO DE GALLO
SERRANO	RECADO
ANCHO	CHILE (2)
GUAJILLO	ROCOTILLO
MORITA	CAYENA
PASILLA	DATIL
TOMATILLOS	ROCOTO

Australian Birds

```
I  L  R  E  E  L  L  A  M  E  T  A  P  L  A  S  R  N  R  E  W  T
B  M  H  O  T  I  D  U  N  I  A  N  O  G  I  K  C  O  C  L  I  A
L  I  P  O  M  E  I  N  W  R  T  V  A  G  N  R  S  N  I  W  A  Y
I  S  E  E  G  U  P  D  O  R  E  N  T  O  R  O  B  L  O  Y  N  T
E  S  T  B  N  P  O  I  K  A  S  T  I  C  C  E  W  A  M  I  G  P
I  N  L  O  B  G  U  C  P  I  S  R  T  T  R  O  W  A  L  O  R  I
P  E  W  B  R  C  U  H  B  O  P  O  C  I  F  I  C  N  R  D  A  P
E  P  O  E  T  D  D  I  O  W  E  P  C  E  B  A  U  K  U  R  B  U
P  U  F  U  L  H  C  O  N  T  E  W  E  N  O  D  U  R  A  T  U  M
I  W  F  E  L  R  A  P  A  O  V  L  I  N  O  M  E  C  R  T  O  C
R  L  H  D  L  E  U  T  H  I  L  U  R  G  E  M  L  A  Y  E  O  C
T  S  L  I  G  I  T  C  T  A  B  R  N  G  L  E  B  U  N  N  K  O
S  O  C  R  M  L  N  S  M  E  R  O  S  U  M  E  I  B  F  N  C  H
R  R  E  H  A  B  T  N  G  E  W  R  F  B  I  D  R  S  P  A  O  C
A  T  T  N  O  M  R  O  A  R  W  I  U  F  D  N  H  T  L  G  C  T
E  M  N  O  S  C  M  E  S  R  E  T  F  B  I  E  G  H  E  O  C  A
H  K  B  A  N  S  O  H  L  T  C  B  I  B  A  O  C  I  R  P  A  C
S  Y  E  L  R  R  O  L  L  H  A  V  E  R  A  K  O  M  T  L  B  U
O  L  L  S  S  V  A  R  E  U  Y  T  W  F  O  W  O  N  S  O  M  E
B  G  A  N  E  B  G  R  T  I  M  A  T  E  S  R  B  O  E  E  M  G
E  N  N  L  R  O  B  T  H  A  T  I  L  L  A  H  E  M  K  A  G  E
U  B  E  O  N  I  U  G  O  E  B  B  I  N  E  V  E  A  L  I  G  E
I  R  B  O  R  N  H  A  R  O  R  L  T  C  O  R  R  L  N  R  S  L
N  A  L  D  A  D  U  C  H  I  C  T  A  E  W  C  H  O  B  C  I  S
```

ALBATROSS	DRONGO	TATTLER
KOOKABURRA	FULMER	BITTERN
MALLEEFOWL	GANNETT	PRION
SHEARWATER	GODWIT	CRAKE
CURRAWONG	KESTREL	BOOBY
CORMORANT	PENGUIN	EGRET
WHIMBREL	SHELDUCK	GREBE
SHOVELER	PETREL	EMU
CURLEW	DUNLIN	IBIS

Car Parts Brands

```
R  P  E  R  F  O  R  M  A  N  C  E  T  I  R  E  S  C
O  J  O  B  O  T  R  A  C  I  N  G  O  I  T  E  R  O
C  I  S  WE  S  I  N  T  A  K  E  H  N  P  G  U  W
K  H  K  O  K  W  O  R  A  M  H  C  O  W  L  D  U  L
O  P  C  R  C  H  S  R  D  Y  I  S  H  T  P  R  A  I
N  L  I  D  O  A  I  M  O  T  P  R  E  I  A  E  R  N
WE  L  Y  R  O  L  L  A  MU  S  A  M  C  WE  D
O  D  S  WB  I  T  M  O  N  E  A  D  MS  O  T  U
L  A  L  S  L  L  O  H  N  J  O  G  T  U  M  L  L  C
F  E  E  O  E  S  T  I  H  E  R  D  E  S  I  B  I  T
K  H  C  H  D  Y  I  R  E  G  J  H  L  I  R  E  F  I
C  O  C  L  E  D  C  A  A  H  O  N  Y  E  T  U  L  O
I  A  A  K  U  S  D  F  Y  D  N  A  I  E  WD  H  N
R  M  C  D  E  N  R  E  T  S  A  MW  O  L  F  C  O
T  I  O  R  I  A  I  R  S  C  O  O  P  N  A  L  S  L
M  O  I  W  M  O  T  O  R  C  R  A  F  T  T  R  O  F
H  T  I  A  F  I  L  T  E  R  T  B  C  I  K  O  B  H
```

HOLLEY	MALLORY
WEIAND	ACCEL
BOSCH	MOROSO
FLOWMASTER	FRAM
HURST	TRICKFLOW
WELDON	INJEN
MICKEY THOMPSON	SUMMIT
AC DELCO	MOTORCRAFT
EDELBROCK	DART

Bridge

```
C A L Q U I N I K R L K O B A L M Y L H V Y I U
O L Q U A E Y C H O S P C E R E D N E F E D D F
A D N O M A I D A J E A K I C R B A S P K A A O
L C I A L R H O G N I F F U R I R A J G E R E M
K I T Y T S K C I R T P I S D T F P O N V O B Y
U S G U H A C N I G M U M D S E R I T I O U O B
F L A N U K G N I U G L I U T I I E R K L Y D L
I F G N I T N U O C H N O Y R O K O V C A R O A
N I E J D N I G N I G N I K A T R E V O A K D N
E R C D C G E G N U T R Y L P N O C P L A S I T
L H I I K N N P L I S U I T A L A N O B L F C O
O B E S U I C E O V D U B M E E L G I N F A T S
E K S C L D E P O S N A G I M F T U N U R E P C
A R S A L D A M I Y O G E N R R A S R I E A T A
L I E R O I V U C U M I T L I T T S N O D Y R I
T T N D O B Y R C H A B I U L K S O A E A A A T
S C I T N O I T A C I N U M M O C I I R P R E Y
O R F H R V E P R H D O S L R K A U D O S A H L
P A S C A N S R A S K M U C C I R A D I L A U Q
```

FINESSE	COMMUNICATION
TRICKS	OPENING (2)
COUNTING	LEADING (2)
NO TRUMP	BIDDING (2)
TRUMP	DISTRIBUTION
CONTRACT	CROSS RUFF
DUCKING	RUFFING
OVERTAKING	DISCARD
UNBLOCKING	OVERTRICK
SUIT (2)	DEFENDER
CLUB (2)	STEALING (2)
DIAMOND (2)	SAFETY (2)
SPADE (2)	SACRIFICE
HEART (2)	STAMEN

Chinese Food

BUBBLE TEA
MOO GOO GAI PAN
BLACK PEPPER CHICKEN
EGG FOO YUNG
EGG ROLL
LO MEIN
FRIED RICE
HUNAN BEEF
LYCHEE PORK
MUSHU PORK
BOK CHOY
KUNG PAO
CONGEE
MAPO TOFU
SPRING ROLL
HOT AND SOUR
DUMPLINGS
CHOW MEIN
PEPPER STEAK
POT STICKERS
WONTON
SZECHUAN
PEKING DUCK
EFU NOODLES
PLUM SAUCE
CHOP SUEY

Chinese Food

```
O R E N E B A H L E A F A L L G E L I H C I B
P U O S S C B L I P R E C H L G C A E C O M R
L L D B K R O P F I P I C A D O S H F A F T O
U F O L U R S R E E P E A D N E R A P T E C C
F G U M G S U D O P C E P G N A S G N S E Y C
H E C G E A R E B O T U E P G S N A N S B E O
C C E B M I E N K E M E A S E U S E D I M U L
R A N B C U N B L C D M I S K R K D T O R S I
E R N E N U M B G N U I H C M C S N R R E P E
S C A R N A B A N G N D A R I U I T P A T O S
E D P O H U N E N N I N G H N O L Y E H A H G
N R I P B W W U E M P A C N P C U P K A L C C
I N A O B U Y E H O N R W K I A W E S O K E W
H C G S W O L F P H E A C N U K I R S P L O V
C H O L O G K N U P L E U V L F E N O H N S U
H U O F L A O C P L H I L H E K H P L T D U L
R W G A R R V E H C A Y N L C M A D O L L B E
P G O G N I P P B O C T A I R E S N T H O L Y
E M O N I K O T E H Y I T U H E Z U O C H R R
I H M A C D U W E L S S W E L I K S A H U P E
D F O A M C U E O L T O F D B R I T S O I W L
U L L M P A P M M O K D O L O H L I S W A F E
C B D A V O L I P K Y O P P N O N D A M E C C
K Y B G R T T R O L N L U N P O N D V E T T U
A L I K U C R O L U I H G O N A H C B I L E P
S E I K O O C A F E S N R I T C E C A N N E U
S Y R R A C S E E U N K G O L O N A C O P W O
C O M B O C S A M H N G H S S I K G U H Y S S
```

Aquatic Animals

STAR FISH

SEA HORSE

SAND DOLLAR

CORAL (2)

SHARK

WHALE

SWORDFISH

OYSTER

CLAM (2)

SHRIMP

SALMON

TROUT (2)

SEA LION (2)

PENGUIN

OCTOPUS

SQUID (2)

COD (2)

PERCH (2)

WALLEYE

TUNA

STINGRAY

BASS

CATFISH

SUNFISH

BLUE GILL (2)

OTTER (2)

SNAIL (2)

DOLPHIN

DRAGONFLY

LOBSTER

CRAB

TORTOISE

GROUPER

SAILFISH

TUNA

ANEMONE

URCHIN

PUFFER

ANGEL FISH

BETA

EEL

SPONGE

WALRUS

Aquatic Animals

```
W A D R Y I S R A F O V L A R T E K A H P E
U K I F E N T E E G P I E D S S O N Y E I G
F W I T A F E D A T U L I S E A G I F O J W
M A T I P U F H I M S L A F I E N N I E D A
E L L U L I V U N U H B D A L O E J L U K L
J E T K O L C U P U Q R O F I T T L E T A I
I V Y A K R I O W W A S I L F I Y R S R E V
R A E C E P T G D I L S A R E F T W O U S M
R J I N A C M I E H H E C V I P O C T T U E
L I P T O N B I S U S E I S O R A C R A G U
U J E C R M E R R A L I H I D Y H O P H U N
V B U Y A V E U O H K B F F A E U C U D O F
G I H F E B U N H R S S I R I T N O R M E Y
E V E R C L I D A L E S W A A O V Y L E S R
G I B R R U L H E C H T C L I T R A W Y P I
U R A A G H S A S E J I T L E A S I L A U K
O B E N R S B U W I N N A O A W E F O R R E
A D E Y U I N R O R F E U D I M N R O G W M
E P W R O F A C K A S L I D A O I C R N O M
J I L R I T O H U L H T I N G N P O U I V E
O A K S S A T I P L T C N A G P U D A T E O
W I H T O C A N E M F I R S S P O T I S U L
B L A C K A O S L C O D V E E L R Y U Y A R
K L I P T T A L L U C O W R P E D A S R E T
L G U T T Y T A P I C H A H O I A P O T L U
D A Y E Z I M E L I A N I M U F O C S D E W
B E R I G A R R U L O N E Q I N A Y E I K R
O L D A D I W U E J I C S O G D O V I F A E
K I F O Y E L I P U K L T U G R R E T O P G
H L L F V W A L E Y L L E C W A T I U R R U
```

Land Animal

HIPPOPOTAMUS	PANTHER
RHINOCEROS	BOAR
WOLVERINE	PELICAN
CHAMELEON	COYOTE
GRASSHOPPER	EAGLE
CHINCHILLA	TAPIR
ALLIGATOR	OWL
ELEPHANT	PANDA
AARDVARK	PORCUPINE
LEOPARD	PUMA
ANTELOPE	PEACOCK
BUTTERFLY	LLAMA
KANGAROO	FALCON
SNAKE	EMU
HORSE	CHEETAH
GIRAFFE	CAMEL
LION	SWAN
TIGER	DUCK
JAGUAR	HARE
COUGAR	BISON
LEOPARD	ELK
FOX	FERRET
OX	YAK
LIZARD	BEAVER
BOBCAT	

Land Animal

```
E A B C H T Y G O K B R I C N E A R C E A
N N R E P P O H S S A R G R I D E A R U M
U S I M E A R A S E F E F A R H O I S I E
G O T P G R A C R T S E L A F D P L B M E
N C O T U R N A L O C A Z V E A Q A E R Y
A A R R D C N V O Y K I R R T I L U N E M
N O C V A T R O W O L V E R I N E C S D N
B L A I E G O O I C Y W A M E L M K O O A
B R S L L E N B P L U G T A G H A E M N H
K G O A D E O A F N U M M A D F C E A L O
O P O T E B P R K O V A E M U B B I T O G
W E H K C H E T C E L R S F I R I E O L G
O A L A E T P E R L T Y E A F F A S P T R
E C T Y T R F R H E V I L V T A L G O N U
S O H U L E E T I M O L P R A F R A P N O
T C B C R T E N N A I C E L P E M R P G I
I K O R A G I H O H L G C O L U B S I A B
C I E G C B O W C C I V A E P I J U H G L
T T L O A L L N E T M A P A L A N A P L E
I L U E R F I X R F O H N I G E R R E H C
A T Y G K H R A O B A T O U A E L D E N C
D R M B L A D X S N H N A W S N U M S N I
L C A R E F N R T E S R O H E C M I N D N
U B C U R F Y S R R U M A H K L E C A R A
```

Spanish Flowers

```
C C F E E M S S I K O L M K B A I L E
H T A R T G K A S A I R E N I D R A J
O I L T E I E M S R I N H C U O T S A
K E K D I E K R I O L S A D A L I A L
E C S O L R S O A T R O N P B R T O L
C N F L A R A I M N L A S E I V R R O
R A A O N B O G A I I R E I T L L T F
A D E I N S J M R C N O H P C R U L E
D A L D E I A J A A E D I U Q R O T S
L I S A R I G I G J M B I G U R A H O
E U R L E T N A Z I L I T R E F E N L
N M U G P L O V E E R A C J U M P I C
```

TULIPAN	JARDINERIA
ORQUIDEA	GERANIO
JACINTO	PERENNAL
IRIS	GIRASOL
HORTENSIA	ROSA
NARCISO	LIRIO
MARGARITA	DALIA
FERTILIZANTE	FREESIA
FLOR	GLADIOLO
FOLLAJE	

Motivating Words

```
N E S O U L A T I P A C E V R E S H
E V C T N E I C I F F E L E W S L E
Y A C A H O W E G E U L C O R O F T
E C N A R E V E S R E P H L B P I S
I I K C A R P E A S E S O A P R N D
P E R E E Y T I V E R B N O I U S R
N U N S B B R A V E B T H P E P T O
S O R T N O I T A R I P S A G A I W
V E I Y H Y R R A C P L S C A D N G
P R N T T U W B I H C O E G R T C N
E U H O A V S P I R U N S B U N T I
L H Q R I N A I E L O K G C O E P T
Y Y T T E T I T A I E N N I C U A A
T T Y G I S C M T S I R T U E Q R V
I I S O N A O I R K M C I M P O A I
R R N T R E B P L E E K O S M L T T
A A R A K M R O R F T H I O E E S O
H L H A A D O T F U F E M U A D M M
C C Y Z A R C A S A P A D L T S A C
```

AFFLICTION	DETERMINATION
AFFECTION	EFFICIENT
AMBITION	ELOQUENT
ANTICIPATION	ENTHUSIASM
ASPIRATION	INSTINCT
BELIEVE	PERSEVERANCE
BREVITY	PURPOSE (2)
CHARACTER	SOUL (2)
CLARITY	SPIRIT
COURAGE	STRENGTH
DESIRE	

Snow Skiing

TRAVERSE

SNOWPLOUGH

WEDGE TURN

STEM

MOUNTAIN

DOWNHILL

STRAIGHT

RUNNING

GLIDE

EDGING

SKIS

BINDINGS

POWDER

TECHNIQUE

CRUST

PACKED

SLOPE

INTERMEDIATE

ALTITUDE

PISTES

CHAIRLIFT

GOGGLES

RIGID

BOOTS

POLES

GLASSES

CAMBER

TORSION

FLEXIBILITY

MOGUL

SCORPIAN

ELASTICITY

ADJUSTING

SALOMON

LOOK

TYROLIA

STANCE

SHIFT

PARALLEL

SKIER

GONDOLA

CARVING

CONVEX

CONCAVE

PIVOT

SIDESLIP

WEATHER

HERRINGBONE

WELDELN

STEEP

GRADUAL

JET

CHRISTIE

Snow Skiing

```
C A B E Y A R C U S L U P G A C O H C I W R A N B
N R S B G N O I T M R Y H E N A R O L E E F L X M
M Y H Q U M Y R E G N I T A P I C I T N A R E I A
U T U S N I A T N U O M C L T C N H E N T I T A N
O S S C A I S T I B O K O O L K R N T I H T S P M
T G L U G X O W O C L Y P U M B E E U O E O L R R
N B Q H S N E O E U I L G I D T B F F R R R I A E
N R T K U L T V G G K T E N T R M I S D R S I R U
B A I O D S A O N S U O S L I E A V E T U I I Y Q
I E M E S C M I V O G O D A L T C A I L A O T T O
R N L S N T V T E I C N P L L A S H A U F N O R C
E N R O E R E D W O P H I O P E R U N E Q A C L O
H E C U A L U E S L T H L D O T D A J I U E N E M
T S T C T T G H P F N G S N N A V P P D Q Y C J D
E T E A I E R G I W T U E O R I N I A L A U S E L
G A N T I I G L O W S O D G R A B E T C E M E C O
O L L E S D R D B G U L I A I N O P F D M R S A H
T A S T S I E G E W R P S P E X O O I E K I S P P
E T I K A R P M R W C W R A S D M L H K C X A A R
H E K H I E E T R E N O E I P T G S S C I E L C O
G P C O L L O V E R C N K C D A E I L A U L G U V
C W R N O M O L A S T S W I F L O J N P Q F I B A
I E E U R A H E R R I N G B O N E I B G O G G A L
O R T O Y H O W U E T I I P Y T I L I B I X E L F
R C Y E T T H G I T R Y F A V E U Q R E M K C O R
```

Cooking Sauces

SOY

SALSA

SESAME

PICO DE GALLO

HALLANDAISE

GUACAMOLE

PESTO

WALNUT

RANCHEROS

YUZO KOSHO

CHOCOLATE

REMOULADE

ZHUG

PICANTE

AIOLI

KURMA

TEMPURA

KETCHUP

MUSTARD

MOLE

RELISH

PIRI-PIRI

SICHUAN

JERK

LIME

SHAK-SHUKA

MARINARA

ALFREDO

MORNAY

CHEESE

LEMON

GRAND MARINIER

MAPLE SYRUP

WORCESTERSHIRE

CHIPOLTE

CARAMEL

BUTTERSCOTCH

BUTTER RUM

PEANUT

CHILE

MINA

MADIERA

GARLIC

ORANGE

TABASCO

SRIRACHA

Cooking Sauces

```
K E M I R A F E G O T A B R O L R I G H A T
I G A H E E A M M C I N E I S D T N A K A R
B A T Y N I R H A U S E P T H I E N G M S E
O F E R O C I I Y D R O C U L F C R H O B P
I T O L E S A A H G I R R U H O T H F E T I
H E I K A M R B A S I E E E E C P L U L Y C
E N N L E U T P U T R M R T H A T I G A A C
A K A L P I T U D T I E W A T C P E H I N G
O B I M R U J R A N T H T E K U N T K C R F
F S E C N F A Y A N B E I S T O B A S C O N
I T M L E T A S P E M A R I E N V L R O M A
G H A R S A L E C I A R I S S C A O B A M R
O W B U P E A L L I N G P O C E R C I N G L
R I M E M N D P L O E H I A G O K O I P P E
R E S A U T T A N A M S R P R A T H W P L O
N L S T U F A M L E J N I A A M I C A I K A
A E R E G H K I G U E C P A N I S E H A V N
S M O B U K U U T H O T E H D U G C U R I M
U A I K A E H I U D H M O C M N C I K A B I
A R R O C Z S A E J S K E A A H A I A N G T
P A N N A S K G T T O S E R N O R L L I O N
J C M E M R A I S A K L O I I P E U L R S E
A T G I O L H E R M O E L R E P L B E A A G
E T Y H L S S A P U Z K S S R A E L L M H G
N L K O E E C B A K U R S E B Y I S A E A N
O I F A S T M B I R Y E F F E S A N T M M R
R P I N Y G H O M E I J M A H H G E T O L I
E M C E T I C A N N B M T G S O C K N H A F
```

Music Genre

MOTOWN

ALTERNATIVE

DOO WOP

BLUES (2)

BLUEGRASS

CLASSICAL

DISCO

COUNTRY

SKA

DANCE

DELTA

GANGSTA

ELECTRONIC

HIP HOP

BOUNCE

RAP (2)

INDIE

FUSION

JAZZ

LATIN

TECHNO

MIDIEVAL

OPERA

GOSPEL

SOUL

REGGAE

HONKY TONK

ROCK (2)

PUNK

GOTH

HARD

CONTEMPORARY

RAGTIME

CHANT

ACOUSTIC

CHAMBER

BAROQUE

AVANT GARDE

ROCKABILLY

PSYCHEDELIC

BREAKBEAT

DEBSTEP

Music Genre

```
P C I P L A D C O M R O E C E L I L U T M N
I R E C K B L T O Y L L I B A K C O R C T I
C E M T O C L T O D U G J A G H K I P I R Y
A I I P L E O P E B U A B Y A J D U E L A O
P O T D M W I R R C Z A N R N E L W A E E M
S K G E N R A E O Z H A D A G W O P G D H A
Y C A L S I A T S I H N J T S H L O G E S D
K O R L A K O S S C I N O R T C E L E H U I
R J B I B Y A L B H E C V E A R B A R C V C
E A L E A R L W L P H R E B M A H C T Y U E
G T A R G A L L A V E I D I M C S I M S L B
A T R E K R B R V Y H E A L C K S S L P I L
T F U S I O N O E C B E C H N S I S E U C E
S L I C U P U Q O S P Y A O L S K A B E O P
B I M N A M E U T I R N T H S A T L E D A S
E P C O L E G E L T T Y C E L O K C O R N O
P E A H R T P E N I K L U U L P E C N A D G
G C P O T N H U U N O L B Q U O E H O G O O
A I P A W O O D O L B B L O C H E C K T S D
B R R S P C G H B U P L O R E P S I N N S R
L Y O E C I T S U O C A T A L I C Q U A I O
I L R U A T N U P S O T Y B D H Y A P V D C
L A Y L S S I K S E V I T A N R E T L A I K
E C Y B I C A N I A T N U O M A L T T E D S
```

Basketball

```
E C A E R T E M S U O C D K S A B
C G S T E B D W I G H T N R E R L
R N T G K O S S E N D A M T P D A
E S T G A S I V C I C A A O L H N
I N E B O S H U H K D C R I A S I
P S N A S T O C K T O N C R R R G
E K R L M S E L N K T H H A R Y A
H M A J O R D A N K A E I C Y T H
A C G N I N R U O M D C C S L N C
R D R L I R W E B U S P A C E I E
D I E N U A C E E J U U B Q G I T
E A R D R U R L A L S Y I A E T B
R S C I T L E C U O L A M H N C E
U T D B A S K E T B A L L S D G S
A B H I R H H K R E M O P D F O A
O O N Y S O A T C V D W H L E L B
P C I R O O R A S D U R S R I C H
C A H P S T M K T A N U I K E R T
L O S N K I Y B L R K U W B Y R U
K T U S C N A T A Y C R S U B A R
S E T I I G A T E I N C A R Y L T
T O V I P N B R A T R U E B A L E
T E E Y R Y G K V H C A N C H I H
P L A T C A R A T I O J H E U Q T
```

HOOPS	THE TRUTH	DWIGHT
SHOOTING	PIERCE	DURRANT
PASSING	GASOL	BOSH
PICK	STOCKTON	MOURNING
PIVOT	CELTICS	GARNETT
DUNK	BROOKLYN	MARCH
LAYUP	SHAQ	MADNESS
DRIBBLE	MAJIC	NCAA
SWISH	JORDAN	BASKETBALL
LARRY LEGEND	CHAMBERLAIN	

Computers

```
G A R D S A O R N E K C I U Q W
L X E U N E D O P H O N E H F I
A G I F K A E O F F I C E I O K
L W R N H J H A B J B D L N D I
D G O A U S L E P E R R E L R W
U H V R O A I Y E I T E M D A E
S A T T D G K H V R R K U M O O
J E O I E N R Y O C F A O R B R
F H D P A I O A S S E M B L Y P
P E T R D L W N C E L E C X E L
B P C A E E T I K N F G O N K D
S T L A I D E M O R C A M E T A
U E R R E O N A I P T P A L T C
O N E S R M U T R T I R A I R O
M R T R A K C I L C A O F S A T
E E U A I E N O H O E G U T E U
D T E D B T I N O N R R S O R A
O N E P E I F F O P I A G S A S
M I C R O S O F T V W M I E W A
U P N C A D K C I G U M T O D S
I E L E R A W T F O S I D U R A
T R E I R C N S H L E N A U A E
A E S T N A I S Y C I G K M H D
C N C L I C K E P W P M O C T I
```

UNIX	PRINTER	INTERNET
EXCEL	KEYBOARD	SOFTWARE
ALDUS	SCREEN	HARDWARE
WORD	OFFICE	PAGEMAKER
ADOBE	FREEHAND	PROGRAM
JAVA	MICROSOFT	PHOTOSHOP
NETWORK	MODEM	MACROMEDIA
ASSEMBLY	CLICKART	
ANIMATION	ANTIVIRUS	
MODELING	WINDOWS	

Technical Drawing

ISOMETRIC

PARALLEL

PERSPECTIVE

PROJECTION

LINEAR

OBLIQUE

ORTHOGRAPHIC

PERPENDICULAR

CAVELIER

MULTIVIEW

T-SQUARE

TRIANGLE

PROTRACTOR

MECHANICAL

PENCIL

TEMPLATE

COMPASS

DRAFTING

TAPE

GRADE

POLYMER

HARD

SMUDGE

JET BLACK

ANSI

MARS PLASTIC

ERASER

BURNISH

DECIMAL

DIMENSION

ARCHITECT

SURVEYOR

CHAIN SCALE

PAPER

SHARPENING

DROP SPRING

BOW

INSTRUMENT

TRACING

HIDDEN LINE

EXTENSION

CROSS

SECTION

REPRODUCTION

SCALE

ELLIPSE

ARC

PHANTOM

CUTTING

VIEWING

PLANE

CURVE

AERIAL

Technical Drawing

```
Y N M O N T H J E A R I E M E T H E L P A P O A
U J I K A L R A P L A C Y P S R U T C E R L Y L
W A X C E E R F E L E V I R H U A I P O E S A B
A R T I V D P O D R N U S L L A R U U U A R D B
U D O T I V R E A B I L U E U T N V Q R B I V A
B Y P S T A R K R E L A G A E R T T E S O L E T
T H I A C Y L O G P T D L M P I E N O Y T B A T
U M E L E R H A C G E A O X A A W A R M O U S E
O T U P P R A I C T N N L E C N E M B I Q R E J
C S Q S S I R U H I O I D P U G I V I S R O N E
E S I R R T D G Y X N D W I M L V G T C E T I E
S O L A E T I H A O L A N E C E I N N R I C L T
R R B M P A R A L L E L H E I U T I E Y L E N C
H C O E R U S U P N E N O C R V L C M D E T E O
C O R T W E L E R A H O N Y E F U A U O V I D X
I S S A C O L U R S T I U P H M M R R I A H D A
E P A T K A B B I J E T H A G N I T T U C C I C
C N I T C E R N A L I C N E P K H I S R G R H O
I O N S A C R T U U P U E D U O N A N N L A G M
N I D E L U W T O V R D S M G O S P I A I S N J
G S R U B R E S A R E O S R I L Y N O N N S I O
A N O I T C E J O R P R A S L I E S S A D E R K
P E I G E A H A L T O P N C O P C C P A R V P T
L T G T J S M U C A H E S P R E A O R I S R S F
I X O D F R A S N I M R I A R L L G M N E U P A
A E T M U A L S C I Y I H P E Y R U U P N C O T
T W I N T M R B D Y L S C E M I D B A H A I R E
S R H E L E S D H E O C I E L L I P S E L S D R
G I T P A T A C S A P Y R U D R A E W A P N S A
```

Birds

```
Y R T B I P O R E P P A T U L P A C H P F P U C
T S A O R H A W G I A R E G A M U L P E L I H T
P E H T R E O F O L T W E L R U C F U L O T S L
C L E V A R L D R I B G N I K C O M F O T H U A
A E B K R A O B E S S E B R H C T M E I T A R U
R C O A A V R L R H I R A I T R A G D R N C H S
P A P G E R G E R A L L C O N S Y R N O L Y T H
O S A S N A A I V M W K A M O K I R G I I I Y O
R I C G E I K P A O A R L Y W B E D G L T N N S
T R Y N R E M G D D L A R A G G T U F A I N T U
E S L I W R P A E N N P H N D E L I A U Q O U L
L E S L S I E E L I H T I I U R N S G G R E L B
K P N R E M T N D F H M R A C C O N H K B U L R
O F O A T U N R N G M T A R H L E K C E R U W A
G A C T R P A C I U R E K C E P D O O W E A H W
E M L S U C S N H A R N L H S A C H N J O L I N
I F A U S T A R P A N D O W E D P E A D R I M L
L R F S R R E P I P D N A S O R V Y G I R T B A
Y U O J U A H A P Y A N L O H A C I H T E I R P
H S T C H L P W O L L A W S R S A H P H C N E D
P O Y H G L A Y R U O M Y A C K O R Y A P U L B
```

WOODPECKER	THRUSH	PLOVER
WOODCOCK	SWALLOW	STORK
BLUE JAY	SPARROW	SWAN
MEADOW LARK	DOVE	CRANE
PARTRIDGE	CARDINAL	RAIL
PHEASANT	EAGLE	FLAMINGO
MOCKING BIRD	ORIOLE	PENGUIN
HUMMINGBIRD	QUAIL	PHOEBE
BUNTING	MERLIN	PLUMAGE
NIGHTHAWK	PUFFIN	FINCH
MAGPIE	OWL	GRACKLE
SHRIKE	PARULA	RAVEN
FALCON	WREN	WARBLER
SANDPIPER	STARLING	CHICKADEE

Elements

```
W T U A D R M A N S N L F O R E A L P H D
E R A S O L U Z S I H M E N O E N N E C O
N W X O U L I U T Y H E U K T U V O A E M
N E M K O R D R E A X K C O C W U L S U E
E N E G Y X O H C R E P P O C I C E I T K
R J N A L G S H E N I M O R B I N S C S A
A U D O E D R I P C A L M O U A S N A I C
C N F N B O B N O S E L R M G A L E A L Y
A E E L M R O S O A O O C N T H A T M I T
A S M I U R A P D E N H A O K N H C U C E
T R U O I S O C L A Z M P G C T E C I O E
E M I D S Y M U I N O T U L P N L L N N W
E Y N I E Z R U B L N U R N V E I A E E S
W E A N N B A U M U I N A T I T U Z L K A
S O R E G I X E C Y T K O D H M M I E C G
R I U T A N E G O R D Y H I L S U O S O J
I W O Z M U I R A B E D U A L O I L E R I
Y J U M B L B R A N A M E C N O G R A P N
```

HYDROGEN	ZINC	SILVER
ALUMINUM	SELENIUM	GOLD
MANGANESE	TIN	OXYGEN
COPPER	LEAD	MAGNESIUM
IODINE	PLUTONIUM	CALCIUM
HELIUM	LITHIUM	CHROMIUM
CARBON	NITROGEN	NICKEL
NEON	SODIUM	BARIUM
SILICON	PHOSPHORUS	MERCURY
ARGON	POTASSIUM	URANIUM
TITANIUM	COBALT	SULFUR
IRON	BROMINE	

Hair Dressing

```
C A R S U P E T T E N U R B A M R P O E B W E
U C E H S T U C E I X I P G U I V U S D A L G
T N A V E O K V E N P Y O S A S D G S G R A I
H I T L A I L U A D T H U H P I N E O Y H E C
R O L F S H M G L I E W E R T A C T L S U H T
A U B S I E S R C A B N A O B O R I G E O G Y
M E K O L L R I H L I Y S A M A V A U R V P E
T G N A V E T Z U M F E J I V E L U Z U P E R
I N N E S S Z O A M F O N E T O L B T O U W B
O I U I A T A G O U O M L I V Y E A H P R I L
N R G L C U H T A R P I B E L T U C N O C E S
O F E I B C E G U M N S O K S T A P U I Z T D
A F B D S X D B I G T O W A U E H E V T N A E
D E L L T E H T G L L A P E Z I N G N E I R R
Y O G U S S L U B O H G V I E I P O I W S K A
E R R O I L I E C K F G R A L P A L B E C E C
D E I R O D O R W O L U I G E I L U V O W O D
N L M L E J P A I A T A N H O O P V L M E U U
O B C U W A H L Z X V I F F M S W I E R S O N
L R U E L C G E E B T E V E W U V U H T U R R
B O D S C O N T A T V I S O L E L C I E L C U
H G E V T A V W U I R A G I D B A N C O A L B
E A R D D E L C I L L O F Y A R G U C A R D U
D A L H O L D U S T I N G C U R B L A C K R A
```

DEVILOCK	PIXIE CUT	CURL
PHEOMELANIN	ELASTICITY	VOLUME
TRAVELING GUIDE	ROOT LIFT	TEXTURE
GISELE WAVES	GAMINE	FRINGE
EMOLLIENTS	DENSITY	JOOGE
CUTTING LINE	CHOPPY	SHAG
WEIGHT LINE	MULLET	DUSTING
FAUX HAWK	WEDGE	UPSWEEP
HIGHLIGHTS	BUSTED	BANGS
EUMELANIN	BEVELED	BLUNT

Audio

```
O S C I T S U O C A B B A S S
I M U S I C Q W I H E N I P I
D E S D E K O H C E A E T E N
A S S U B U M P R Z M N A A G
R P R H B O S S U I P T N R I
R E T E E W T P T L L H A E R
K A T R E S O B C A I U L C L
C K E T I L T O H U F M Y E G
A E Y Z K L N O F Q I P Z I P
L R C R S A U M I E E E E V B
B O N D P I O N E E R C R E T
O T E N I X C K L J I K M R H
I S U A N A O A D O E R A I E
D K Q R E O V O V N D N P A R
U L E B I C E D I L S E C N K
A G R I H R E C U D S N A R T
R E F G I V Y T U O E R E T S
```

SUBWOOFER
TWEETER
POLK
BOSE
CRUTCHFIELD
AMPLIFIER
SPEAKERS
BOSS
PIONEER
EQUALIZE

COAXIAL
DECIBEL
FREQUENCY
HERTZ
CHANNEL
ACOUSTICS
RECEIVER
ANALYZER
TRANSDUCER

Card Games

```
L  W  S  A  R  P  P  U  S  I  G  L  U  P  P  I  J  R  T  B  K  A  L
J  A  V  T  Y  H  K  E  S  H  I  C  J  Y  R  B  R  L  B  S  O  G  W
A  B  M  T  A  M  D  U  K  O  P  P  R  E  L  A  I  E  L  P  V  A  E
G  L  A  S  R  A  M  S  E  L  L  A  P  A  H  W  W  I  K  O  L  B  N
I  L  N  U  P  R  T  U  N  N  M  I  C  U  Z  T  J  E  T  O  P  H  E
V  A  M  S  E  R  I  F  R  I  O  K  T  S  A  Y  G  S  I  N  P  L  O
O  M  A  N  A  H  L  O  D  A  J  Y  P  A  C  D  E  T  O  S  I  T  E
Y  S  H  E  R  O  S  E  H  A  V  E  T  L  I  C  T  I  V  O  N  U  T
P  K  H  V  G  C  R  I  C  H  E  J  A  R  S  R  T  P  G  U  C  P  C
U  B  I  E  L  A  R  K  F  D  I  Y  B  B  I  A  E  S  I  H  A  J  Y
K  A  L  S  Y  I  B  Y  N  O  G  B  R  K  R  H  Y  P  R  A  T  U  P
T  O  L  V  A  L  S  B  I  E  G  K  I  T  C  I  T  E  N  N  I  S  H
H  T  O  J  H  E  M  E  I  T  T  I  N  R  C  A  D  K  I  D  V  H  I
S  T  O  R  V  R  U  H  G  R  U  E  B  C  C  U  J  G  A  B  Y  I  N
A  O  N  E  R  H  E  C  F  D  C  I  S  O  E  D  A  K  E  R  G  S  E
J  S  N  W  E  A  T  K  H  N  I  C  O  A  T  E  C  T  C  A  P  H  A
A  S  L  B  R  E  T  A  O  R  N  R  R  T  H  E  U  R  R  A  L  S  S
G  A  P  T  G  T  R  C  E  P  E  R  B  T  O  P  P  A  D  J  L  U  C
U  P  S  A  K  V  R  C  P  R  H  A  R  J  U  S  W  E  R  R  U  B  B
Y  S  B  H  A  J  O  G  B  U  L  L  V  O  K  S  S  D  P  U  L  G  R
```

SPADES (2)	GO FISH
HEARTS (2)	CONCENTRATION
UNO	WAR
BRIDGE (2)	SPOONS
EUCHRE (2)	HOLE GOLF
POKER (2)	SPEED (2)
BLACK JACK (2)	SEVENS (2)
CRAZY EIGHTS	SPIT
RUMMY (2)	PUT (2)
SOLITAIRE	THIRTY ONE
PYRAMID	ROOK
CRIBBAGE	PHASE TEN
GIN	

Football

```
A S U I D O S R K R A E G N D U A H C W
F P I P T E F I E L D G O A L H O N M A
R S K A R T S A N U H T C O I R E C M O
R A T A O U N A N A Y C A B C I D A P I
E C H A R D S R D E I E N A O M N G E L
O P R U C H A M P I O N A T A C E T D O
Y U O J E K O E F L R T E O E S T K E C
M B W Y L A L V R E R E D U N G Y A K I
I K L P L Y B E R W C R E C E I V E R D
F E U C C A T C H S R O P H Y R W N E M
A R R S E N K S H O I C P D A A H D A L
C D F M U N I T A S A T E O C E B Z S L
L E P I A R A R O S E B O W L I K O Y K
D R E W B R E E S I N B O N W B R N O L
H C A T C E V F N C G M K A R D L E U N
D E I L Q U A R T E R B A C K L R O E D
K H G U O R O I R S I I E N M O M Y O D
C N E V I D I G S I R E M R N A C I L Y
K O M U T H G E B L E V A M A I E H I L
W I L D Y E N R A C K G T A A H N E C H
K S L I N E B A C K E R K C E G K G E K
E I K P A B Y T K E K I P H T D E E I N
U V M C N T R O B L B E A I O N B G G R
L I N Q D O L R O P O S C G K A P A C A
T D A U S B L W O B R E P U S M F E G A
```

TACKLE	PUNTER	REFRIGERATOR
THROW	FIELD GOAL	QUARTERBACK
CATCH	DUNGY	SCRIMMAGE
END ZONE	MANNING	SUPERBOWL
TOUCHDOWN	DREW BREES	ROSE BOWL
RECEIVER	GRIESE	UNITAS
CENTER	CHAMPION	DIVISION
RUNNINGBACK	LINEBACKER	

French Food

```
N E C F Y K B U N N I K I Y E A F C T U F O L G
N A P S C A N F E ML T O M S F H E T E D D C E
S A R E A H B E G H T U M R S O T G S D B A E B
A W O L R A H O T N R O M E C A S P O S N R O F
WA L R E C G G A T S R L O P P S F S D U R O F
O F O B I R F S I N E F A P B H A R L P D O S S
L L C U O R S F O N F U L E U R B E O A R U MW
G C Q W F I S C E U S N G A L B I W E M I R M E
E T E V O C U H R R P A V A H T A O WMA R F E
S C A R I V C T A L M E E T B E R L C W L S F T
C T C R E A R T E O M L A G L R L F O H C S A V
S C O V N U R E R E O M I L E G N D A T E N G E
I F A G O E V F N C L Y I A O O R F N T I H N D
U C N Y R G U M O N B U C C L I X S I C A N I A
N C T N L A U H C E O H R L Y E G D I N A N K P
N P R O F I C E C T M N I B V F U N D A F E O S
A P A R E F V S A E N E G A E R M B O E L E B D
C R E M L F A T E B V G H I C MMY T N D R B E
L O H Y E G A H L E J F O C U N E A B A E R L Y
U L R S A R I C R E E I G H T G V R N E L F O B
V I R D C H I L E V U C O A L I R E C U F U G C
M N F E I F E N I A F L R E T A P U C U R I L F
B E C V S I V A G U D T I P N A L P O S V O L F
M A C O A B O R H U E V A P T R U S I B E B U A
U F I C B U L I T P E C A F A E V U L L U R A C
```

SOUPE A L'OIGNON	GNACHE
BOURGUIGNONNE	ÉCLAIR
ESCARGOTS	MERINGUE
CRÈME BRULEE	CRUDITES
TRUFFLES	CROISSANT
TAPENADE	SORBET
SOUFFLE	TARTE
CONSOMME	CREPE
REVEILLON	CAFÉ
RATATOUILLE	BRIOCHE
QUICHE	BAGUETTE
MOUSSE	AU FROMAGE

Car Racing

```
V I K E S D C F O C B T E P T O L J I L K
G R O M C C O H E R P U A T H G H U O B K
V E Y W I H H D M I E G I D K O M N A M I
W A Y G M O P A R E T E D R C G A N H H O
D O E O O E R T L D T S S A I U O S O S P
W O F M E O L M H L Y L C H C T T I K H T
Y U C O M A D H A R E R D N I E B E R A O
T E K L J O R Y L B G N B R W U N M M A H
U C B C O T H A E Y E C G A S A U Q S I H
C R F D I T H D N A G U R E E M R S Y T W
O O G R O V E J U G R T Y V R O E L A R E
I F W C A K R E Z E E O G U Y R T V Y A K
R N R O L G R A N D P R I X I Z L D A E T
A A E A R E A V H M B R B E Y R E T W I K
M S U W C E P R D N I L S I B A F O G K O
E C Q M M I P E L M O M A D N E N O A A N
T A H E K A N C K I P E C N A P E K R P I
U R B K A R N G E R T U M I T O G A D M S
A T G A M R U B P U P S E A O T N I R P S
L E I U S A T O E R Y R G U Y I I C H R M
R K G Q R C H I N D I A N A P O L I S C U
S A N D A W C N N A Y U K M E S E U O K S
A N D R E T T I N K M R E C N I R Q D R E
T S A W M H I G C Y A W C R H A R V E C M
```

GRAND PRIX	MARIO	RACING
INDIANAPOLIS	MARCO	WALTRIP
PRUDHOMME	MEARS	PETTY
CHALLENGER	INDY	MOPAR
EARNHARDT	NASCAR	FORCE
LINGENFELTER	NEWMAN	STEWART
GOODYEAR	HARVICK	SPRINT
DRAGWAY	GARLITS	SERIES
ANDRETTI	SNAKE	

Cheese

MILK

QUESO

EDAM

PAESE

BRIE

COTTAGE

CREAM

MYSOFT

PRIMOST

BRICK

MUENSTER

CAMEMBERT

NEUFCHATEL

CHIHUAHUA

AMERICAN

MONTEREY JACK

PROVOLONE

TELEMI (RUMANIAN)

SVECIA (SWEDISH)

MANCHEGO (SPANISH)

QUEIJO (PORTUGUESE)

COLBY

SWISS

ASADERO

GOAT (2)

GOUDA

ASIAGO

PEPPER JACK

TIJUANA

VERMONT

PARMA

PAGLIA (SWISS)

MOZZARELLA

PECORINO

FETA

CHEDDAR

ROMANO

RICOTTA

PULTOST

PEPATO

MYCELLA (DANISH)

DANABLU

GORGONZOLA

BLUE

HAVARTI

QUARGEL (AUSTRALIAN)

Cheese

```
R A F P R R E P C P N A M B O K U I E S H
U F W A I D E P G A R V L I T H E A R G V
L E U G H O T I P O S A I L G A P E C B E
R A F L I V T S M I R A T M E L I K L I T
I M E L E T E A A R K G R E A R T U H P Y
M A I N A G N R P I L P O A F E A Q E U M
I L A C O C R Y M E T Y E N T O K Z A L I
L O T U H L M A N O P C M P Z T C A Z T R
E T D E C I O A U Q N O G A P O O K H O U
K A G M Y T H V D Q R T T U M E L C I S M
I O Q U A R B Y O E H T O S H A R A I T O
R G C O V E L T D R U A R K O L O J U R G
B U G S A S R A N T P G R U B M C Y A C O
I T A E N E S C T O S E E Y O O I E T C R
R I W U R A H B D H M O T U K C B R I U K
P C T Q H P C R R A C A S O L H E E P A G
I S O R I A O I V I S F N Y I B A T O L R
B O C N A G U E R D C A U S M N Y N L G L
A K N H A V O H L E B K E E A N A O L R E
C L K I E M A R I T M O C U N I N M O A U
P E S U R D O H E H C A J A G O Y A I P M
U A T D E O D R A Q C I S I J C I C L E M
P T R Y S L C A U L T E M T E L E M O D E
P J O M U S B E R U I R O L U V D I W L A
E I H R A H I O P T A P L I S P I R P U C
K T R I E J A W O P D A N A B L U N A L I
E R F L O V R A S I L E T M C A N B G H C
```

Weather

BAROMETER

ATMOSPHERE

BLIZZARD

CIRRUS

CLIMATE

CLOUDY

CONDENSATION

CUMULONIMBUS

CYCLE (2)

ENERGY

EVAPORATION

FOGGY

FORCE

GUAGE (2)

HAIL (2)

HUMIDITY

HURRICANE

HYGROMETER

LIGHTNING

OVERCAST

PERCIPITATION

RAINBOW

SLEET

STORM (2)

STRATOSPHERE

SUNNY

TEMPERATURE

THUNDER

TROPOSPHERE

VAPOR

WATER

WIND (2)

Weather

```
H D A U G W L U C Y F I R E D R O P U S H H U P
U L G L I B L T B O Y K S A R D U C T M O U V O
C O I N A L E L G G O N N B I E O A T P E G V I
E H D D I E L R A V T I N T B N R T E P G E T F
C E V I L N L O E D F R E U D A B I N O R Y O A
A C E S I S T R O H V M O E S E N O I C O G U M
T D U M E A C H Y C P E N P S U I N W E G R R U
C E R L M A C G G E P S A H O T P E N Y M E V E
H I C A S V R O R I A S O L A S S I K I D N I V
O Y E T Z O G A R T L L C T N E P C I N T E M O
C S U O M Z T C I T A D I C A T I H U L A H U L
A F C E M U I O R R E P A G U R T H E N I G E C
S C T V R E N L U S I P E H H O T T U R Z U O Y
T E I E F R A C B C U P L L U I T S S I E O L A
R L C R O N C A R O K B I N C S N U L O L R A Y
C L H Y R A W E V A L U M O C Y N B U N R S T K
G A A C C U P O R W I U V I G E C B O L S I T S
U C L E E P S E W E A S V A N R D I C A D E K C
O H L D U C T U T R H A T A R O T D C I S E L F
L L E I D E T O N A P P C O R A L U M S T O L O
C O N A M I H P I E L I S U R P L U A R U W E G
U M G O M A P L A M R E N O I M H R M D A R R G
V E R U D I T O R R I G P L M A E M Y U E C A H
L A P O T N D E U O P A M V E T O F D E C U C E
B L P A T R I H U A V G L M A T A F H O G A I L
T S Y O I S A W V E O M A W A P I C T E E R T S
R C C I R U C A N P I R C I P O R T D A N I A R
```

Vitamins

```
D L A G E M J I F R U I D U T I O N T C
E J B N N U M E P A C I R Q R K I E L U
A R C A I J U N S R C K U T E G I D D F
R E P P O C A D E A O M I N K J E H U B
R L Z I N C A C C L A D I N M U R R L L
H E T P N O R I A G L D I H U M A H E C
B E B N H O L E N R O O M I C B C M U A
A L C I N O L E J I K E P L I L R O N L
K A D I F I S T N E V A R E N B A C I G
C E B D S I D H N Y D A L R E C K R E S
A B N S U M S I O R D B L E H B C M T T
R E I M H I A A D R R E L F T D O F O B
T B E T U N T M N A U D N C O L R S R I
K I T A E I E I B C O S U K T B A C P M
O F O P L J C N A K L U Y O N H I B O P
C A R P L A U L C E I P L N A A W R L E
M C P R F R A L A C O L U N P B S R O B
B I A R R F T N Y C N O V A N E Z F L B
```

BEE POLLEN

ZINC

CALCIUM

PHOSPHORUS

IODINE

FOLIC ACID

THIAMIN

RIBOFLAVIN

NIACIN

MAGNESIUM

COPPER

PANOTHENIC

IRON

FIBER

PROTEIN

Classes

```
O C A N G U Y G O L O H C Y S P
F U A E G R T W H E L K C C I T
Y R M L A I R T S U D N I W C H
G R A R C E S L B T U M B U C E
O B T C V U D E T U O H D T H R
L C E E T A L L D N E O I L E M
O L R C M I L U O S R L M A I O
I R I T C O O C S P U A Y O D D
C K A R O C E N P T T C N L L Y
O B L T T L M G A U C I K A E N
S S P H E R I C A L E R R R W A
I K C K T C Y P I P T T M U G M
T S C I S Y H P R B E C L T N I
Y R E E N I G N E O H E K C I C
W N K O L C F A I C C L W U T S
A I H K I L R C F C R E K R I M
D I R M L I A U E R A U S T R R
L A C I N A H C E M D L P S W B
J E Y G N L M D N R L U T O E W
A R C E R G Y T C U Q O P T D S
```

TOOL	PSYCHOLOGY
PHYSICS	SOCIOLOGY
DESIGN	INDUSTRIAL
BEARING	MATERIAL
WIRING	PRODUCT
WRITING	CALCULUS
ENGINEER	FRACTIONAL
ARCHITECTURE	ELECTRICAL
TECHNICAL	MECHANICAL
GEOMETRY	STRUCTURAL
ECONOMICS	THERMODYNAMICS

Artists

MARCEL
PALOMA
VAN GOGH
DA VINCI
MONET
SALVADOR
GALA DALI
CHRISTO
REMBRANDT
MARCEAU
GIOVANNI
BERNINI
RENOIR
GOYA (2)
TITIAN
AUGUSTA
SAVAGE
COCTEAU

WARHOL
BARTHOLDI
EDMONIA
ROUSSEAU
LORENZO
GHIBERTI
EVELYN
WAUGH
BLAKE
CHIHULY
PAUL SIGNAC
DONATELLO
ANSEL ADAMS
PABLO PICASSO
EE CUMMINGS
EDOUARD MANET
MICHELANGELO

Artists

```
U S E C H T E C A R E S U B T I C I N S U C
H I H T E N N E L A M A T T A N T I S C I A
E G C N N I B U K S T I N I N R E B B A C M
O G O H O L V H M A T S W M E T T U P H N A
E M C G Y A I A O I L B U B I D A H I V I T
I A H U N D D N A L C B I G L C M P O L V I
N S U A H A L N I W D H A T U O H O N L A O
S A T W L L V I A F G M E L L A G E N O D N
E T I E L A C R I T A N I L B U S T L I N I
U V S T U G H U G I A O E L A N D I C B A V
L N E A P O K I R M S T T I O N I V E O L P
A O P L L A O C D U A L U S A V G U E S A O
G S A T Y V O R T N V L R R I L L E B U O N
E S T I A N A R O C A B B T E R C H L R Z A
H A D N E U R D C A G M U C V U H S I O N I
U C N I O L P S O L E R R A M P I C K U E T
T I U D I C U M R R U A B M U G H F E S R L
U P E P L A D D U A M E I N N A U H G S O A
T O B Y M V O A E J M N T A B A L O R E L R
O L C O T U T T R I G E C I E N Y I B A A B
V B L T G U C R U S G U H C N A O J A U M S
I A N R R O A N A T N A R L E N V A D U T B
P P H U C H Y R E B I A G I E V I R A W V I
A C F O T T R A I L M E A R V N O M O S A G
```

Wild Flowers

```
O V T U P E B A S E M U P O S T D H O V E T I
M L E W A O L L U W C J U S E N E I P P N N E
E S O E B A K S A E A P A S B B R S U W E N H
D N T T D E I L A C O M P A U I E T O N O L S
U T I D T R E P O N K D P T D T A E I R I A S
R W E P I V U B D I N E T M N M O P B N V B K
A F I D U Y S L A P P E D I I P U L S A E S O
P R L N D L I B I L R W S L B L U I T T L U H
O I A I A L U P O F M E I N O E K A L I N M C
W N T D Y S A L L C U Z G L A H E W A L P O U
R G D C O N U Y B O A E T H D C A C E L I A P
E E S B H U W S U S W E P N N G I A M E O R O
R E J I V E E R D G E N A M I V E R M T D I T
R G I N E R R E M E E S O B T N N R E T T L A
U E T D O S E P W U Y C P P O D N A A M R U B
P N O W I B L A L O C E P A L N D E B N A L B
P T U E A T T E J A L I K O C O L K S W I M A
I I W E V E L L S S N L H C W I T L O L O U W
P A N D R U S I D O T T A L A I T U Y E C I M
E N S L P A N L M U C L I M M L L U S T A L P
J S I G R E W O L F D L I W E J B D I P O L S
S L T O E K E J Y O Y I N N U S E P O V T I S
Y E S N W E B O N P U D E S U S O W E E R R O
W I S S T O H E R O S W U L B I T R U O W T B
```

WATER LILY	SNEEZEWEED
WILD IRIS	BUTTERFLY WEED
LOTUS (2)	JACOB'S LADDER
MOCCASIN	BLACK-EYED SUSAN
LUPINE (2)	AMERICAN SENNA
POND LILY	ROSE MALLOW
BINDWEED	WILD GERANIUM
TRILLIUM (2)	PITCHER PLANT
BEE BALM (2)	MEADOW LILY

Seasonings

```
S  I  R  A  N  Y  U  C  P  G  H  O  N  K  C  U  U  J  O  R  D  S  N  E  J  E
N  B  H  O  P  E  X  I  L  T  F  X  A  R  A  S  W  E  P  A  C  H  A  Q  O  C
L  O  C  W  I  N  G  L  A  S  E  R  E  D  W  O  P  N  O  I  N  O  U  K  Z  A
Y  K  R  A  T  E  I  R  E  B  N  K  Y  Z  A  E  R  J  R  R  U  G  B  Y  R  K
M  G  O  F  U  D  Y  A  U  Y  N  A  W  E  P  T  R  E  A  E  T  T  W  U  E  I
A  I  S  Q  F  U  S  G  W  I  E  F  I  P  A  N  S  F  D  G  P  N  E  L  F  P
N  Z  E  U  Y  A  B  I  M  J  Y  C  E  U  D  I  Y  B  O  N  S  L  A  Y  U  V
D  A  M  N  L  E  S  U  S  S  A  R  G  N  O  M  E  L  C  I  A  H  A  L  R  H
O  P  A  T  O  R  C  C  E  N  C  I  S  O  N  A  L  T  R  G  R  I  E  S  I  A
N  E  R  I  R  M  H  I  U  O  K  U  P  M  R  E  A  M  N  U  K  E  R  M  U  C
I  F  Y  D  F  I  A  S  R  R  A  E  L  A  Y  M  L  A  H  S  S  G  A  O  R  E
J  A  F  A  C  S  W  N  I  E  R  N  E  D  A  I  L  Y  I  X  E  L  S  B  C  F
U  S  E  H  E  R  N  I  N  G  M  Y  S  R  U  A  C  C  U  M  L  M  Y  I  H  I
K  E  I  A  W  R  E  T  G  I  K  U  I  A  G  D  H  E  T  S  A  U  L  U  L  B
A  M  O  G  H  K  R  O  C  Y  C  N  T  C  G  U  S  U  P  I  Y  C  J  E  O  U
I  N  R  F  A  D  U  A  L  E  D  A  J  I  A  C  N  I  E  C  X  D  E  R  N  Q
H  Y  X  R  Z  O  Y  Q  S  E  F  Z  O  N  N  A  C  E  R  Y  B  I  K  G  I  I
C  R  E  Y  P  I  B  U  J  A  W  I  K  S  G  E  U  C  F  C  I  D  U  H  S  P
```

ONION POWDER	SAFFRON
LEMONGRASS	SICHUAN
PEPPERCORN	GINGER
CARDAMON	AJWAIN
CINNAMON	ALL SPICE
SCHICHIMI	FENNEL
GALANGAL	CURRY
TUMERIC	NUTMEG
FENUGREEK	SEA SALT
CILANTRO	MACE
ROSEMARY	DILL
CAYENNE	GARLIC
CORIANDER	MINT
TAMARIND	CUMIN
CREOLE	

Types of Trees

SLIPPERY ELM	JUNIPER
COTTONWOOD	MAGNOLIA
CUCUMBER TREE	DOGWOOD
BALD CYPRESS	BUCKTHORNS
CHINKAPIN (CHESTNUT)	MULBERRY
HAWTHORNS	ASPEN
PERSIMMON	POPLAR
BASSWOOD	PRIVET
SYCAMORE	ALDER
BIRCH	HICKORY
BEECH	ACACIA
MAPLE	BOXELDER
PIN OAK	ELDERBERRY
LARCHES	CONIFER
HEMLOCKS	GINGKO
SPRUCE	PUSSY WILLOW
CEDAR	

Types of Trees

```
S O P I D E R C I D O R N H I D R E H S O M N
O R A H R P U R O A F A K O R T A G G E L L E
L T P R I K O O R L E W L A L O P F F I W E R
L A H Y H P W G E D O W B O T A T E R O R Y W
Y U E P O N Y K D L R R U W I E Y R O T I R O
T C A L E K O L L Y E R O R C L B U R I B E C
H C U T D O G I A D F O L A R P A E R T E P Y
A L T E I E W N L A I W E T E A B R E U R P P
H O G O H Y R E I N N R O K C M N I T C U I R
C H N I S N X B I G O P A R U T R N A S H L E
E P I S L O M R E M C O P C R E I R E S A S L
R A U T B M L U A R N L U K P H A S H E J Y P
O P D A I M O C L I R C S I S I R H C R I B L
T I R L R I Y S P B O Y N E L S I R C P E Y A
S T O E E S I N A P E U I O H G T I S Y L M T
E V I N T R O R C I J R N G D C U V K C O E E
N A C V I E C O R H Y G R O E U R O C D T G U
H K H O E P P H T R A O O Y A M H A O L L A L
J A I C A C A T O M A W E M R O G O L A K L O
O J S I R R A K I E S I T A G R W R M B O A G
H K U P N O C C N S A T E H A G A O E R L T H
O H R L E I C U A I O R V B O L R D H E T E Y
T C T Y H N U B C O H O I D P R I F E A T S P
U T U R C N I A K R O C R O Y Z N A R C S C T
I R B L E A T C L A G O P N A M I S O R A R O
```

Tree and Leaf Descriptors

NEEDLES

CLUSTER

BUNDLE

OBLONG

LINEAR

LANCEOLATE

PINNATELY

PALMATELY

LOBED

COMPOUND

CORDATE

ELLIPTICAL

CONE

ACORN

NUTLETS

CAPSULES

KEY

POD

FLOWER

FOLIAGE

BROADLEAF

BOTANICAL

LEAF STALKS

FLESHY

DECIDUOUS

KEEL

PISTOL

STAMEN

TOOTHED

TUFTED

BALSAM

CITRUS

SWOLLEN

FORKING

GARDEN

HEALTHY

WOOD

ENDANGERED

PALE

BLOOM

DARK

BROADEST

JUICY

LANCE

RUST

BLACK

SILVER

SCARLET

SAPODILLA

GUM

VERBENA

Tree and Leaf Descriptors

```
C R E T R A G H A V Y T U F Y G H I L T
H WS H A F O C T H T I R Y J A T C W I
I M T U P ML E T D T I G R H U T R A M
R A A I R H A L T L O P O M R R I E B A
D T C S A T A F O A L O S E T Y U C A N
N N H I L E I T O E L S WE T E A N Y R
I E U C H A S C T Y U O Y R I S E A A J
K R L O O I B S H E L P E S K B U L R I
R R O L P L A I E F N E T C R U L R E R
I E A F O M U L D R D E T E N I H A V A
T N K I G WO A O T L E V A D A S I L S
P O E L N B S C H T S U R O N K L R I K
E C E E E I A I U U A E P E L N A L S O
R I L D L P L N T F L A D A G C I P E T
E L U A S E F A I T S G T A S N Y P E M
I S A U C L S T R E U S A G O L A L I K
L R L E E I S O T D F O N R E R R D C I
ME E S G T T B U A E I P T D A B A N W
S U H T A A U P E D K T A R C E L MY E
O Y G M S N I L I R I M A S I G N O L T
I G E E D U P L O L L C E D K R A O C I
G N O L B O L F O A L Y E K R A E L A P
Y O E R E P A C P F A E L D A O R B D O
O F Y U C I T Y R E H T R O D T C U C K
```

Thermodynamics

TURBINE

PROPULSION

TRANSFER

ENTROPY

PROPERTIES

VAPORS

FRICTIONLESS

COMBUSTION

REVERSIBLE

ENERGY

REFRIGERATION

ORFICES

MOLAR

COEFFICIENT

ENTHALPY

RATIO

EQUALIBRIUM

EXPANSION

CONSTANT

VISCOSITY

PRESSURE

DIFFUSION

EXPONENT

ACOUSTIC

VELOCITY

INTERNAL

ATOMIC

MOLECULAR

KINETIC

TRANSLATION

TEMPERATURE

VOLUME

ATOMOSPHERIC

SYSTEM

HYDRAULIC

INERTIA

Thermodynamics

```
Q U E T D U O H G N E M P O R F K E Y R A C K I T
I N S Y S I S C N A L O M R E S S I E T U S I N O
N A E W R R C O I N E N A L L E T T N U S E N S C
S U N R O E I H O R N U B Y C H R A N E S T E C H
N I S P U S F I N O E I B I W I T H C U T W R I O
Y M A S N T T R I E S P F U I S T O C L L I E S L
E V E A E S A S I R R I S E N O R S U B O X C Y B
B O P T U L L R E G R S Y O P P Y S U E P A L H G
Y X L B R U N V E O E T C A M T A R Q O E B L P F
E R M A P A E O E P I R U M I T R U N E C A R B A
B O A O T R N R I S M I A C N N A E M O I A B I N
C E R L L A U S O T O E O T H L N U E T E Y R O C
A P U L U S O C L L C L T Y I T L F R N T R I A R
Y G P S S C S R A A E I D B B O F E I C E T A V E
U G O E E I E R I V T R R E V I N B U F A B B Y N
M A R H V I E L L T A I F F C I R A S R U D E R A
C P I E M T T P O U U C O I T U N N E Y L L A T T
A I P C N E A R L M S S E N T H A L P Y N C R S Y
N E M I V E T I E S A N I C Y R E O V O C A L I C
I B Y O N M C S A P T E U H T C R G I E L U O M N
K U D P T A R E Y R O N L O C T U T L O S R I E S
C C E L L A R C A S I R T A N L A E M E W E S H O
O U N O I S U F F I D I P E A R R A E T U N C C U
R F U N D L S O R C I M O B U F F I D L I E T I R
```

Spanish Fruits and Vegetables

```
U  M Y  P  F  I  R  E  P  U  L  S  I  R  A  E  Y
T  F  I  A  N  A  X  I  A  F  O  H  C  A  C  L  A
A  T  D  A  D  M  A  D  A  L  A  S  N  E  C  K  L
E  Y  M  N  R  N  A  C  K  D  T  A  R  A  L  A  P
T  E  A  I  H  E  U  N  I  M  K  E  C  S  A  J  W
Z  A  L  P  U  O  P  S  Z  E  Z  E  H  C  I  N  R
O  R  E  T  A  C  A  U  G  A  E  K  I  L  D  A  A
A  S  X  A  I  P  R  I  O  S  N  A  L  E  U  R  S
S  O  D  J  S  O  A  M  D  L  E  A  U  K  J  A  E
I  N  U  N  O  G  C  I  G  U  E  L  C  A  C  N  U
G  A  R  O  H  A  A  I  R  T  J  O  O  C  A  L  B
O  D  E  R  G  R  N  B  A  O  T  G  R  J  N  A  M
A  N  A  O  U  R  I  G  C  M  H  N  B  R  I  A  A
L  A  C  T  Y  A  P  H  I  A  T  A  X  D  P  R  R
I  R  H  C  U  P  S  E  M  T  A  M  N  I  O  T  F
H  A  E  S  A  S  E  R  F  E  R  A  O  A  D  M  T
X  A  F  L  X  E  Y  V  O  I  S  A  V  U  Z  O  E
E  U  Q  O  C  I  R  A  B  L  A  S  A  N  D  I  L
```

ARANDANO	CEREZA
ALCACHOFA	SANDIA
ALBARICOQUE	TOMATE
ESPARRAGO	MANGO
FRAMBUESA	PAPAYA
ZANAHORIA	NARANJA
MANZANA	FRESA
BROCULI	JUDIA
AGUACATE	MANI
TORONJA	APIO
ENSALADA	PERA
ESPINACA	UVAS
FRIJOLES	PINA (2)

Spanish Food

```
A  M  P  U  M  A  J  A  C  I  H  C  S  M  U  L  I  O  P  S
M  U  H  O  L  A  F  R  E  S  H  U  P  E  A  S  W  E  E  T
N  E  C  I  L  R  A  G  E  H  H  C  R  T  R  M  U  C  U  H
C  T  R  J  A  E  A  D  A  N  O  M  I  L  M  T  U  P  L  O
S  R  I  A  F  D  D  R  C  L  E  O  H  S  E  S  S  N  H  U
P  S  Z  Y  C  A  I  N  G  R  E  D  I  E  N  T  E  O  K  G
R  L  R  I  N  N  M  B  Z  O  N  A  T  A  L  P  S  M  P  H
A  E  C  I  A  H  O  C  E  L  O  V  E  A  N  A  N  A  S  T
E  R  C  E  H  M  C  N  K  B  T  E  P  I  A  S  V  J  P  E
G  O  R  B  M  O  H  O  C  T  A  L  L  O  B  E  C  O  S  A
C  N  O  E  G  F  C  T  J  E  D  H  T  A  N  U  S  U  A  G
R  B  A  V  H  S  V  O  D  L  P  N  T  U  B  B  S  A  L  U
P  L  D  S  E  A  R  C  N  O  M  I  L  P  C  M  O  L  L  H
K  Y  P  R  O  U  D  O  N  R  O  H  C  L  Z  A  A  E  I  C
R  C  F  O  O  D  H  L  J  N  M  A  K  E  O  R  T  U  R  E
P  T  D  A  S  L  T  E  S  E  L  O  J  I  R  F  A  R  R  L
A  S  E  N  H  E  L  M  L  P  O  N  M  A  R  I  T  I  A  C
S  N  J  K  N  C  U  O  I  N  A  Z  A  B  A  L  A  C  P  O
M  I  U  Z  Q  U  N  Q  P  K  C  A  R  N  E  B  P  Z  N  L
```

PLATANO	LECHUGA
COCINA	CARNE
MAIZ	POLLO
COHOMBRO	MELON
POSTRES	CEBOLLA
BEBIDA	PASTEL
HUEVO	MELOCOTON
HARINA	ANANAS
COMIDA	CIRUELA
FRESCO	PATATA
AJO	CALABAZA
PARRILLAS	FRAMBUESA
JAMON	ARROZ
INGREDIENTE	FRIJOLES
LIMON	QUESO
LIMONADA	

Sound Studio

MICROPHONE

AMPLIFIER

DISTORTION

TIMBRE

SYNCRONIZE

DELAY (2)

PHASING

REVERB

COMPING

EQUALIZER

TONAL (2)

HARMONIC

COMPOSITE

ABSORBTION

ACOUSTIC

IMPEDANCE

SCATTERING

REFRACTION

DIFFRACTION

ALIGNMENT

RESOLUTION

DAMPING

COMPRESSION

DECIBEL

DECIMATION

MODULATION

DISPERSION

DUBBER

DYNAMIC

ELECTROSTATIC

HEAD BASKET

IMMERSIVE

ISOTROPIC

CHART

Sound Studio

```
C S E A D C R E T I N Y T T L A G Y W A T U P
G H O E L R C N U E F R I O L C A G R E V I O
E B A T G A E Z Z L E G N E I L A R K L S I U
R U T R I M B I L B D A V T E G L S E R S T H
Q O K U N M N S L H E I S D N T A B N B A I T
N U H G H O B E O L S U S I L B I O C U B R P
L E I S R R V R I R O W R P D C I S H T A U O
Y L U C N B I R E C B E H A E S S R O H M A D
A G N M A G Y M A E T T E D S R N E C P V U L
C Y E I C N M E P T U H I E S R S Z E G M N B
S N R C T I A O A E H A R O H G R I L L T O D
T W I R U S T C D A D P M A N E M L O T B I C
N I L O H A S A L U M A G P S S B A M N U T T
C A H P U H M I T O L M N O L L A U Y O A C H
Y C E H A P D O C S S A L C C I H Q R N C A S
N N I O I R P E R W O U T R E T F E V O E R S
D C H N A S R C C A T R C I D U F I L I U F L
U E G E O P O N M I Y O T Y O R R W E T B F O
L B A C I M A T O N M A N C A N N T U R G I N
L T E L P U R N R P E A C A E Y T R E O I D S
E A T I L P H A R O M E T U L L A V I T U D S
P I N E T M M E H I P I N I W R E L L S G A L
U G H O U T S U C C O I L Y O R G D E I V U A
R G N A T S L B A N S E C I N N I A S D V O T
```

Shoes

```
L S S T A L F H E E L S E K O H C
S W A I B M U L O C K C A B D G O
I P R M B I V I E L R A R N O L H
A I N B T O K S N A D O R L E L G
R L O E I P C O S R O K C K E W S
B F V R O R K I O K C T O S L E E
B A R L C O K B S S E S H B L D O
E R F A H N P E I A P T C G E G H
A S O N A U S I N O D B C I R E S
F T C D M E C O L S K I N H R S R
T A G A P D I F E L T N D M E U B
I L O B I E S R E V N O C A M R F
B F I F O B A A T Y N O C U A S S
A E K I N C S I N N E T O K P Q U
R I N O H E N B D L P O T U G A D
```

ASICS	BIRKENSTOCK
ADIDAS	DANSKO
NIKE	SKETCHERS
PUMA	TEVA
CONVERSE	TIMBERLAND
REEBOK	CROCS
CHAMPION	COLUMBIA
BROOKS	CLARKS
SAUCONY	BIVIEL
MERREL	SO

Sewing

```
C U R H U N G P A K A N E I L D S L I
N R A C S P A N S U O Y O E L L K A T
H I E R A C T G N R Y T Z L P O O L U
P A H M E H N A I G H S Z B E H I I R
P Y K C R I T S P C U L A M E U H A I
C Z U E T M C H T E I L B I Q C L S P
O L A S R I E I E L M R B H B U M U H
R D A E S Y T H I M O E L T C A A J J
C B I S A S I S L I M N A R E O R E Y
E E O R P I N U D B P I I S C V O C C
M R S I T E K E U N H C N E U E W R H
S U L V E R R T G H A M O G T R O A E
T S O D A Y T U N W Y H Q U E C E P M
R A L U V O G N I N N U R P H A K H I
A E R T N Z A E H P I A P E G S S A B
S M I S O V R E E V G I T R V T D R E
C A R Y O T U D R E R H W I S O F P Y
```

NEEDLES	SEAMS
THREAD	BIAS
THIMBLE	OVERCAST
SCISSORS	CIRCULAR
PINS	BUTTONS
TAPE MEASURE	SNAPS
IRON	ZIPPER
BASTING	CROCHET
RUNNING	KNIT
HEMMING	EMBROIDERY
SLIP STITCH	QUILT
OVER HAND STITCH	

Musical Instruments

```
I Y S U O R E N E G A D N A H R P O C
O S O X J M U S I C L C A L M I O S A
H N Y A L P F M A J I E I R A T S R L
C L I S O O S S A B A L I N L A E W I
O E P N N E T A L I M L E B O D L O O
E V V L I I S C P E G I T L I M O T N
N T I O N L F S R O N U R L G M R L O
I B O E L I O N A R P O S A E U Q A K
R S T U D G G I A B C S H O M R B I H
U S U D T R O C V D A U S P G D N U I
O P L I A Y C O I U P I E I O N G E C
B E L N E O N N T R U T H P K X A L I
M A D I R A G R A E K N O O S S A B S
A C A D R A O H S P N E V O L R W S U
T E I P I M C H K S L O N A I P G O M
Y A O I B A I U J C A E R N O U G Y L
N S T O I N R O E A M B E U I J U P X
O   N N E A D L A R P T P T R O N E T
I E F R Y N L S U D O M A J S S O A A
L Y T O V O I R P E A R R M D L O H B
```

CASTINETS	BASS (2)
DRUM	TROMBONE
STEEL PAN	BANJO (2)
MARIMBA	GUITAR
PIANO	SLIDE
BASSOON	HARMONICA
CLARINET	VIOLIN
BUGLE	HARP
SAXOPHONE	CELLO
TRUMPET	FIDDLE
ALTO (2)	ACCORDIAN
TENOR (2)	TAMBOURINE
SOPRANO (2)	

Spanish Fish

```
K  C  I  D  S  P  I  L  R  U  S  S  I  K  C  O  C  O
A  P  L  N  A  I  H  C  R  E  P  N  J  I  Z  E  R  K
S  L  I  H  T  MK  E  G  P  O  K  I  N  G  E  R  A
U  O  L  L  U  B  R  I  C  A  N  T  E  L  D  O  P  M
N  R  P  A  N  G  U  O  S  N  L  O  I  E  R  U  F  A
F  G  S  A  B  L  D  I  D  S  A  L  N  K  L  A  X  L
I  A  C  E  R  A  MA  L  A  C  A  I  P  C  C  MC
S  S  Z  J  X  G  C  E  R  U  R  F  O  N  H  I  H  E
H  ME  E  A  Y  O  O  C  G  B  E  I  O  E  O  D  N
A  A  H  R  P  T  C  S  K  Y  O  I  P  L  B  T  T  I
S  G  T  O  K  A  MC  A  L  I  L  N  MK  P  A  H
E  S  U  R  B  S  U  N  A  L  U  L  E  A  E  E  N  S
O  U  I  L  K  S  I  U  A  P  L  J  G  Y  S  V  I  L
Y  T  A  K  E  D  Z  R  WI  I  U  K  E  T  O  B  I
S  C  R  T  R  B  T  WG  L  L  C  V  R  E  L  U  A
T  A  H  A  U  S  B  E  L  E  O  O  B  E  R  O  L  N
E  C  S  H  O  N  U  O  B  C  L  I  H  S  I  F  E  S
R  O  I  N  O  L  N  I  L  R  A  ME  V  O  L  T  U
E  T  F  R  B  O  D  I  U  Q  S  C  O  I  N  O  U  N
```

PEZ (2)	PULPO (2)
ATUN (2)	MEJILLON
ALBACORA	MARLIN (2)
CALAMAR	CABALLA
BELUGA (2)	LUBRICANTE
PARGOS	GALLINETA
MAKO (2)	GRANEDERO
LUBINA (2)	ESTURION
SARDINA	
OSTRA (2)	

Spanish Computer

```
S R C O N N E C T I O N Y R O M E M O R
O E I J E S U O M B S L O I D A R Y D B
N WL F T M A R G O R P O V I H C R A A
Y O C K O A P G F A T E P R A C R U R B
B T R D M T K T E C L A D O S Y A K O Y
P J E L N E WT A L O V E U S O T A D D
R M D I C A L S K R I P O T P A L N A O
A A G I R K V O D A J K A S S C D E T M
H N I E R R I E D O M T A G U I T S U A
S A K S L A C S G C M M A Y E T G A P I
K I L C I G A I S A C I M O E V H R M N
N R E R S R O F L V D O N I L L A T O H
O O R I T A I C Y C O O F I S R A N C E
I M I T R C B E E T M I R E O F R O Y I
S E F O O S O T A N E S A R T N O C C L
S M I R D E C Y S V E N S S A E S R V C
A R M I V D K B O T O N R O D T E I J Y
P P E O R A L A T S N I Y E R A R R O B
R I D D E C O G T I O N N S T Y P R B O
E H O G S F P E A E C I K P A N M C A X
I C M O H A W M Y R I M I R P M I M O D
```

DOMINIO	COMPUTADORA	MODEM (2)
DESCARGAR	TECLADO	SOFTWARE
BORRAR	MEGABYTE	PROGRAM
ARCHIVO	DATOS (2)	IMPRESORA
CARPETA	ESCRITORIO	SERVIDOR
NAVEGADOR	ICONO	CONTRASENA
BOTON	INSTALAR	IMPRIMIR
CLIC (2)	INTERNET	
TARJETA	MEMORIA	

Mexican Food

```
L E S A L T O E S I P E M S U F A P P L O H G
E T S O U M A E R C O H G T E E R S E T I B A
A Q I L P O L U L A S S W U G L O H L A N S T
P U K F B A C E N B C A O U D B O O N A U P U
P I V I S E L A N O J C A T W O D J L A S I O
I O S O J O T B T A Z C U V I A R L I P U L M
N T N U M A M O B M A I N L C U I L R R F E I
O H A E G D I A B M A U R I L D Q I V A F V D
H Y B T L I L L O F W R P O A L L A V A F O E
T R E A T L K L W V W C A S H A B B T T I L L
E P S L I F E H U O E G E T H C O U R G A I A
B B O T H A P R O T D U G T M M A C U M O V M
D A R N S D P R S L Q A H C P L U S A T N E T
A O C C E R M I M G L O C N F P A T N B I T P
T T I M O P B A C O M O E N O P I C G A R R A
F J U M A T A B D O N A P S E C P G D H V A S
A A A F U D E L U V D A D L H A Z A B T T U B
L B V T I M A T A R Z E O A R R L O B O V U U
A M A S I U N N E J A Z G A T I L Y R I R C Y
O L E U G D I V A L O E G A H S L U M R U T A
V I N N H U R A L P E M A C L S O M I T A U R
E W E P U C R O F A M O N E Y L A T U F O L R
N L I P A D U F G U R E P P I B O M J U B C U
G M O R E N O U V B Y E R G O P A V E N L D B
```

EMPANADA	NOPALES	BARBACOA
FLAUTA	POZOLE	BISTEC PICADO
FRIJOLES	QUESADILLA	RELLENO
ENCHILADA	SALSA	CHORIZO
GORDITA	SOPA	LENGUA
BURRITO	TACO	TAQUITOS
GUACAMOLE	TAMALE	PICO DE GALLO
JALAPENO	TORTILLA	ARROZ CON HUEVO
MENUDO	TOSTADA	
MOLE	POLLO	

Flowers

```
T O U C H S A I L B O A T S K I G
O H U G H E A R T R E D N A E L O
U L P L A N T I A H U G B U B I O
C A L O V E A C S A C P E C K P D
H N O O M C T H U Y O E S A S S Y
S M U I N I H P L E D C E K I Y S
O D A F F O D I L O E A T B R A T
E S E X Y T L S A E P L O B I A F
S E R E T S A E R L O L F L K A L
O I G I R L N S A T W O H U N I O
F I R E V O T T U N K A S E C S W
T A T I H P A T H U D M S B U H E
H S A H A C N Y B E T E I E A C R
A H D A L L A C H O T G R L A U S
G C P A A C O S M O S E L L O F E
E T E L I S S O F C O U I S Y U L
K A H N V L B R O M E L I A D S E
I W T P U C R E T T U B O A T U E
S H R A Y S M W A H T S K I S N R
S C A N O E M O S S O L B U R N T
```

BUTTERCUP	HYACINTHS
OLEANDER (2)	COSMOS
LANTANA	BLUEBELLS
CALLA	BROMELIADS
LILY	CATALPA
BLUE GEM	FUCHSIA
ASTER (2)	LARKSPUR
DAFFODIL	LILAC
DAHLIAS	SALVIA
DELPHINIUMS	SCAEVOLA
IRIS (2)	SENECIO

Car Parts

```
R O T I N H E R I W E S A S U E T Y D A M L
O V A D L O F I N A M T H V K O E U N A D A
T R A N S L I P S U O I G A E L A O N B R I
E L A U N A M S I R F T R E T L I F I M G L
R F O L D P A S N T A B C I R T A M K N V B
U U S D O S N U N E S E R T C I S C I Y D P
B S L I C K S S S A P E G A Y N O T V N A P
R E Y F A C L T U C R S R I A L I A A P S Y
A U R F S I B R O T E T U R B O E T E A S A
C H B E T L N S R T O S T S N H S R I L I W
E T I R N S S O T B R U P Y R E D A E H K H
R F C E A I M L I A O A T L H C T U L C G G
U A S N K C A M N T C H N I R F N N E L N I
S H K T I S O P O M C X W S N A O M K C I H
S S C I N O R T C E L E F O M G E L C R R U
E M O A T R C I R T V L J U L I I G O E P R
R A D L A B C P A I R L O N N B S T R D S E
P C A O K L A V T A U R A D I N O S I H I K
K O E L E C T R O N I C S V A M P U I R C C
C P H L A U D A P U L E E H W Y L F L O W O
I P M C O T N B E D I L S L I K T A L T N R
R E A T U N O I S N E P S U S P E B L O N E
T R E A D E P S U S R N P R E S S N A M I P
```

INJECTION	BLOCK	SPRING
ELECTRONICS (2)	MOTOR (2)	INTAKE
EXHAUST	FLYWHEEL	MANIFOLD
TURBO	DIFFERENTIAL	NITROUS
TRANSMISSION	POSI (2)	SLICKS (2)
MANUAL (2)	TRACTION	FUSE
CLUTCH	SUSPENSION (2)	CAMSHAFT
GEAR	CARBURETOR	IGNITION
SHIFT (2)	FILTER	
HEADER	VALVE	

Motors and Drives

BEARING
DRIVE
SENSOR
COUPLING
GEAR
DESIGN
TORQUE
LOAD
CYCLING
OVERLOAD
PROTECTION
DISSIPATING
LUBRICANT
NEMA
NEC
UNDERWRITERS
LABORATORY
INVERTER
DYNAMIC
ENVIRONMENT
RATIO
HORSEPOWER
VOLTAGE
VIBRATION
SPROCKET

ALTERNATING
DIRECT
CURRENT
SHAFT
INDUCTION
SYNCHRONOUS
SERVOMOTOR
SHARED
DEDICATED
WINDINGS
SHUNT
ARMATURE
RESISTOR
REGENERATIVE
QUADRANTS
REGULATOR
CIRCUIT
ENDPLAY
PRELOAD
TAPERED
VELOCITY
MAGNET
POLYPHASE
DUTY
PEAK

Motors and Drives

```
E K W A G M A Y I G E R F K E Y R G U M A M W E
K H Y F D E R F R N H A V E G A C A V U D O R F
J U T D A J A N G O J I D R I J H E D I X E Y I
E G I H O N H R V O T R A N F A R I R H U T A H
R A C A L C E N A K E A D Y F A W W J I N I G O
Y G O V E T A R U G G U R T N U H S S E D S G W
V U L F R N A J U O C N N O N C U P R S E R N U
S T E E P O G L X T J F I U B O R R H A R O I R
W E V H T I A S I X A F U R N A U O K H W T E X
E N A F H T E O R V O M R O A C L C Y P R O J U
I G E R O A N L K A M I R J A E L K E Y I M I N
J A M R E R A P H M D H N A Q H B E H L T O N H
R M O W H B U L G E C O U D A U L T V O E V W S
A G V K O I R R S N I U E S S G A T T P R R E S
X O D R Y V O I Y T I T Y E J A N D F U S E A M
H E A G E T G S C M A T V Y T E E A R R G S U U
I F V N S N A E T C L I A M M H U O L A H O F D
R O F I W A T H I O R L Y N U G Q L T K N I E U
U P S T T O L D A D P I O N R I R L U R G T N G
J E H A R A E G U D D R R U H E O N V X A S S U
R A T P O D R G N S I H E M I V T N U C E U H T
E K M A X D A E A V E E W A J A R L I D E G O J
Y O Y S P U F O N D Y D O I G G U D A N N A W I
I T J S A E H E L E T X P A N G E L Y I F S L N
G R U I M I R A M R G O E U I D T U L N E H U G
F O N D O J A E U A E E S Y L L I P A N A S B K
K V A W N A K K D H E V R A C R U N S O H N R Y
I J X E L V A R O S U G O F Y O C O G U I T I U
K A H Y G E I R N E J I H I C E R A G S O T C C
K U M O R I U H O D U R E J U S I J U I K R A A
A E F J A S A W I V K A D U W E C A N H R E N R
S E W U D I G G E N Y R O X A E U F D I J A T S
```

Geometry

COSINE

COTANGENT

COSECANT

TRIGONOMETRIC

FUNCTION

BISECTOR

PERPENDICULAR

RIGHT

TRIANGLE

ACUTE

OBTUSE

HEIGHT

OBSERVER

RESPECTIVELY

VERTICAL

HORIZONTAL

EQUATION

SOLUTION

TRANSFORMING

IDENTITY (2)

CONDITIONAL

PYTHAGOREAN (2)

THEOREM

EXERCISES

RELATION

FUNDAMENTAL

FORMULA

SEGMENT (2)

HEXAGON

OCTAGON

PARALLELOGRAM

DISTANCE

ADJACENT

ABSCISSA

QUADRANT

ORDINATE (2)

INTEGRAL

LOGARITHMS

RADIAN

STATEMENTS

POSITIVE

RECIPROCAL

GRAPH

CONVERSION

Geometry

```
O H A B B U S I N E ML I U G E A MI C Y O N P
G I X J E L A R T U T E A H I B A N E W S S J U
H U MA C N U H E S H T T G A X I A N B I G I C
Y B I L K O G R A C G E MU N N E I C U N H O E
A L W N A I S T B R I W A N H A N D U I N N U L
Y L G R E T T E J O R P I S Y H I A MN D U J I
I T A H A U N E R R C Y R P S T S R R I T E B S
J S I C B L L O E G E T U C N I O T T E C A G U
A S U T B O U V Z U Y H A E A F C I S I L D U T
Y T I O N S R C C I S A MG S L O S R L I N N M
E E X A C E C T I E R G A N O N U T B S ME E T
I S A W S O D E S D E O A MA N E WT A C R C X
T S U B J U S I G S N R H L O MMA R A O B I C
A L O T Y L C E R R T E N N O C N G J E Y N N I
C E H Y B R A O C E C A P N C C O D H T J I O N
C M Y S E O T T C A E N O R E L A T I O N J I N
O L L X M C A G N R N G A W E C T T A T T P S B
W N E M E H R L O E I T I L MP N I R N O E R N
A N V S P A T G U R MO L S L E N G A S G H E S
L O I V P F A I T MR A MO D U R R I MME V I
Y B T H O H R E R D R A D I L A D T E N R E N N
U G C T T U H G I A E O Y N L A I N O P R O O T
X G E Y A G E N P O G U F E U V T I N T I G C U
A I P P E T A N I D R O U Q E F T T I T A J L B
G O S T A T E ME N T S L E B C U C A X G A L E
I C E N E T S I O MR L C U N N A U E P G E MI
J B R E N X O C I W B A L U B L Q H O P I B MH
O L L Y B U MI N E G I F B J E S S I C T T H G
```

Letter Writing

BLOCK
INDENTED
MARGINS
BUSINESS
OPEN
CLOSED
PUNCTUATION
HEADING
ADDRESS
SALUTATION
WRITING
SIGNATURE
QUESTION MARK
EXCLAMATION
POINT (2)
COMMA
TYPEWRITTEN

BODY
DATELINE
SINGLE SPACED
CLEARNESS (2)
COMPLETENESS
COURTESY
CORRECTNESS
DOUBLE
DEAR (2)
ATTENTION
REGARDS
SINCERELY
CONCISENESS
COMPLIMENTARY
LETTERHEAD
PRINTED (2)

Letter Writing

```
F E C N A D J R I M E B L A S S C L E Y W A C
Y K A N E B N N E W O L C G J E P O D C Y S A
U D P S L I C N O L B R N E R A D O E L S T B
L U O S A H I L L I P I E U E K B A T E L V R
D L O N U L I D L U T A T G I N A M N A V A C
C L O R E T E L N I R A M L A T I R I R P A C
L B L T U T O C R P N O T E P R A L R N E M L
I R A C N B T W A G O N G U F E D E P E C Y O
A D T E S U S I I N I E K D L R B S U S N I V
U Y D T A S U S R O E R I C E A U S O S G O A
S N O T N I S U P W A O I T A T S R L A I S A
I D I N D N S E M M E R O T A E N N A P S A C
O O Y P E E A H N N E P O I N L A I U E S A C
N B L R C S P O N T P N Y E O I S U R L D L I
A N R G A S I N O L C Y T T E Y I D U P A L C
V H E M P T M F I N D E N I S W D U S O C T A
N A L U S R N U T E L O R E F A P S L O E H U
C I B E E F A E A P I S T R E R E T M E E D T
A C U Y L V E H M O R R I H O N O M A C S O N
U Q O V G I H O A I U N R N E C A O I T N O P
T I D O N I C E L O L E G S C H N I R K I A M
T E R C I A O K C E T P I M A E N L E T G A D
I A S E S L U C X T G C M L P B R A N M R A J
V U Y O U R R O E F N N E O R O M E H E A L H
N A L P A T E L M O H T I O C W T C L I M T S
E C C E L H O B C S E N N D A T E T C Y E R C
S S D I K U Y L V U T L E R A U Y S A T S Y O
A C S R E V A H C Y O N L C X E A M W O H A R
U Y R M D F L O H E G S A C V S H D A W U Y J
```

Arcade

PAC-MAN

DONKEY KONG

ASTROIDS

SPACE INVADERS

YARS REVENGE

BREAKOUT

PITFALL

FROGGER

COMBAT

DEFENDER

MILLIPEDE

NIGHT DRIVER

POLE POSITION

STARGATE

WARLORDS

DUNGEONS

DRAGONS

CROSSFIRE

ANDROID

Q-BERT

BURGERTIME

CENTIPEDE

ARTIC THUNDER

CALL OF DUTY

SUPER SLUGGERS

GALAGA

DIGDUG

CRYSTAL CASTLES

JOUST

MISSLE COMMAND

TEMPEST

GRAN TURISMO

TRON

GTA

PHOENIX

TAPPER

BIGS

SPEEDRACER

NEED FOR SPEED

JUST DANCE

KINNECTIMALS

GUITAR HERO

LINK

ZELDA

MARIO KART

MADDEN

MARIO BROTHERS

Arcade

```
A F A N J P E G W A P F G I V E W T A U S P H U Y L
N S A N O A S O U C A R E D D A D N R S E F C T A I
W O P O U R D F K E S G U S R O I E R A R V U G K E
E K R I S E U L I R O A R L E G N E P E K D R I T F
A S N T T G R E E C T E O A H R D K D I F O R F U R
S X O I S G I C I Z G R E T N A I N E O L W I A O A
P I U S L O A B T G D A D T V T E F L Y C L G R K U
A N K O O R A R U S T R E N A F U L S R K A I D A G
W E G P D F E L O R I A I P E G A R Y S L O P M E M
F O R E L B S U D V G E P D O C R S I A O F N E R S
P H E L Q R G V E C C E O P N E T A G S U R O G B R
S P D O E L U R E A T R R E E A S S T E M I C G Y E
S U N P C A D U P I E E D T L R M A D S W O V A C H
A K U I N U G S S H C D I C I W B M S I Y F R P D T
Y S H T A W I R R Y A C A P E M M T O S O S I U K O
P H T F D A D A O M I S T A O N E U N C R R N E A R
G U C A T H T C F O T O S C A M T O W E E G T N I B
F M I L S I C H D L A K E M T P G I V W E L D S M O
K E T L U W P G E B U S P A P A R E P O G R S T A I
P I R G J A Y S E A M O M N R Y N U N E O K I S S R
S L A M I T C E N N I K E D U G U S A I D A P L I A
H A F E I G U W I C H O T G E K R E D U T E P Y U M
```

Skeletal Terminology

ILIUM

CRANIUM

MANDIBLE

ULNA

LUMBAR

FEMUR

SACRUM

SCAPULA

METACARPALS

METATARSALS

MAXILLA

FIBULA

COCCYX

PHALANGES

TIBIA

GLADIOLUS

RADIUS

PATELLA

TEMPORAL

VERTEBRAL COLUMN

CLAVICAL

STERNUM

HUMERUS

CERVICAL

TALUS

MEDIAL

LATERAL

TOCHLEA

MEDIAL

MANUBRIUM

Skeletal Terminology

```
A P E E K R T S I R W T E E W S B M E R A C
C A R E U M N O Y R A C Y M L O T C U A R P
A I E M H O R M T I U H S A N O N A T I K A
V A C R E S U D E R T Y P E M E J I H U L R
E T R A A N E R O T U R A H E Y A B U L R I
O R B E R G C O N L A C I V A L C I E K A I
D A M E T O T M A C O T H U A L O T I A F G
L T T L C A H G A V A B A C M U A S E S O M
O S U C S A P T I X E L I R A P S N O C U N
H E Y U N U E B P V I V C E S C A B G I T O
I X G G A M I L X U R L X A C A B U N E V E
K O U A H G U C A E R M L I N E L A P A S K
B U E C U M A L C R B L V A H E R S E B N I
G A U V B U G R O F O L S O G C U Y E V U L
H E T A O R E Y I C A P L U G H S S K U S E
C L R I W L T B I G L D M J L U G E V U W V
I C A F I H U A M A J A H E I O T A R R A O
A S N L E L N A L M N O R D T T I E S L O L
Y U R K A M E L Y U U R A B M A M D U D A Q
R M S A N L U L B S S R C E E U B P A T A U
P W G U H W P R A Y B W C E H T A P E L E Y
A E C C A W I R T I C A R A H C R R I S G M
C N O N R U Q G E L D D L I S P A E R E G O
S R A E M A N D I B L E U B I L A S V C A R
T R E H C P M U J U N B M F S L I M S H A E
```

Cartoon Characters

TOP CAT

YOGI

TWEETY

FAT ALBERT

GUMBY

MR. MAGOO

ROCKY

GEORGE JETSON

GRINCH

DARIA

MICKEY

BORIS

SYLVESTER

SPIKE

BUTCH

DAFFY

BALOO

PINK PANTHER

BUGS

FELIX

CHESIRE

BETTY BOOP

DARKWING

DUMBO

TIMON

OLIVE OIL

PUMBAA

WILE E COYOTE

FOGHORN LEGHORN

PORKY PIG

SCOOBY DOO

GOOFY

PLUTO

SEBASTIAN

WOODY WOODPECKER

GARFIELD

POPEYE

BRUTUS

DROOPY

DONALD

CAPTAIN HOOK

MIGHTY MOUSE

CASPER

HECKLE

JECKLE

PONGO

PERDITA

Cartoon Characters

```
R I R E V O C H E L R N S C O P Y A R S S W A
C A L I T E M A W L O S A U T I T O N E U O M
A S U I D A E H A T B O C C T I E B A H W L N
R S H U O L L E L A I T R A D U M B O L Y L N
O E C T Y E I Y E C N U A R S S R O L S O E B
L A T I D A V U F P I L E Y E F R B N N O Y R
E L U S E H E I P O T P L K A P E C U O G R Y
A B B L E A V U L T O R E C M E S I L L A U N
D U L C P V T Y L O E G C O P S E A G H M L H
D U K A S I L E B K U D O R D R B E C B R C O
S L R P O P E Y E S O D I L S R I R U N M A M
E A U A N E T S S L Y O I L U F O H R A B Y E
A Y N R I T E I L B F I H A S E R O C N O T E
L B T D E V I R O D Y C A N D I H U P A O A T
E M E B I K D O L T Y B A L I G N E M Y A D Y
M U L A U L C B E A M N A U E A O G O S L I R
O G L L O S B E G U N N Y L E T T C S E E M R
H G I H O R W A P R O A N E G G E P I L K M A
D L E P A T E E D D E R U R K E U F A P I T C
A E T O Y A L H I D O E M U L C R H E C P I F
N P T O R K U L T H O O N I B A I E F A S B I
C A R R C G R G G N E Y W A G O R M N E T A L
E C T E E L E O N N A C A Y E H L I B M L H I
G O J F A B F J P I H P O R D A T A L O N I O
O H F D I B L P E E W G K A P O S Y R R E G X
B E C C A L R A S T I K L N E T O M M F N L J
Y T R N O R E H T S S A R N I L L W A O F B U
T I O G I Y I T S A Y O O A L P O E P T U O M
O N F E R R S A F E F O N A D A F F Y G I S B
B A N S E U G C R G T N E M A N O L S H L O E
```

Authors

HANS CHRISTIAN ANDERSON	J.K. ROWLING
MAYA ANGELOU	MICHENER
LOUISA MAY ALCOTT	SALINGER
NAPOLEON HILL	COCTEAU
EDGAR ALLAN POE	ARCHER
PAULO COELHO	GRISHAM
ASTRID LINDGREN	DEVERAUX
STEPHEN R COVEY	CHOPIN
HEMINGWAY	FOLLET
DICKENS	WILDER
AESOP	LORD BYRON
CHRISTIE	TWAIN
HUXLEY	WILDE
ALICE WALKER	KIPLING
FRANK	STEPHEN KING
POTTER	TENNESSEE
CLEARY	CLANCY
C.S. LEWIS	CAPOTE
DICKENSON	WOOLF
CARNEGIE	CATHER
BALDACCI	BLAKE
KOONTZ	FAULKNER
DR. SUESS	PATTERSON
FITZGERALD	GALBRAITH
THOREAU	SPARKS
HOMER	TOLSTOY
ASIMOV	GOLDING

Authors

```
E M O S C A T U K E L P I B N O I T S U R C E S
I U N E A F R U C I H C U T J O I H Y R E H I S
Y M H O R O Y C H O H R E L V U S C N E O B P L
S H B A S O W T H R A K I T O N A N C M L A W A
R F N O T R N R I E G U G L A R E D E A R X U S
E K O S E I E S I N R U E Q U A D R E K D H U T
I L L A P O T D I S I G N S I N G B S O C L A H
M O N O H I A L N U N O R H A R I Z Y H C I A O
T I H T E A P O P A S T A W E L C H T R E C D B
E C T O N I C P A R N E C K O M I E G N O C B B
A R R I K O C Y E S E A L U L P O N A M O N O Y
A F E B I R A T A S T A I T S P A P G O T O L B
M I D A N M T H S E W S A T I K O H C E H U K A
O D L O G A V E H E A T W E S L I S O L R A D H
T R I A P I N O C M O A J L E I D U E G I L T C
S A W W I N E I A A I P B O V A R O R A F I S H
R A S S E N L Y N N M O N E C W C H I R A I R C
B T U T N A A L E I G H T A K O B I C R O C T A
E B O V R L T R A R I S P J L O K C B S L N O B
S U F C C I O A E L S O I U L L Y L A E N A L E
T S I O N L D T L N T W A W G F A H A T L A B I
E A T H F O T L S E E P I S E G E R A C K L H E
R T Z E A O R H I P X H T S I L Y S A E A E N M
D O G S P H A T I N M U C H I M S O I G M E G A
E N E M O H I M D A D G A I O R O C H I D L N E
N G R O V U E R A E T G A R M R U V N P I E I C
H G A U N F S N Y H O P R L E A E G O E C A L S
U R L T A U O C R L S U R E N V W A D U K R W A
B A D O E E N L D C L I Y A N A E L U C E N O D
E L O S H A T I L T O G R O Y H I D A H N E R O
A L S S L A N C G E C V A G O W R I T O S I K J
I N O C A G A B O Y T R E N K L U A F Y I G J B
W I L L I H M U G C N U F Y U N C O S K C A J O
```

Spiritual And Bible

GOD
SPIRITUAL
FORGIVE
COMFORT
CHARITY
HEAVEN
TEMPERANCE
RIGHTEOUSNESS
VIRTUE
ZION
LOVE
AARON
ARC
ALIVE
PRAY
WISDOM
GENEROSITY
PATIENCE
KINDNESS
HUMILITY
BRETHREN
REVELATION
PHILIPPIANS
EPHESIANS
CORINTHIANS
MATHEW
EZEKIEL
SOLOMON

ECCLESIASTES
PROVERBS
PSALMS
ANGEL
PEACE
GENESIS
ABRAHAM
LEVITICUS
EXODUS
HEBREWS
LORD
CHRIST
ACTS
JOHN
MALACHI
ZECHARIAH
DANIEL
ISAIAH
JOB
EZRA
JOSHUA
JUDGES
KINGS
AMOS
MARK
LUKE
PETER
SOUL

Spiritual And Bible

```
T E H G A R V A R E A S S H U R E T U C E S
V S B A R R B I P A N H T I L E H L U O S A
E A S I R R U Y R A F U S S E I C A K C I C
N C I C U Z E S I C O M I V P O H A K W L K
L A N R E J E P N N P I O W B A W C E V E R
F S T A U C P C C O I L N O B A T H A P G E
U G O D R I H A H R I I B E S C T I L L N T
K C G M L E A B N A T T U N R A B S E V A T
B E L I A R P L L A R Y A O M H A B I N E M
S A H V O S A M R E V I L L V O T R D I C M
S P E L A M S R E A H G A I E T A E O B A E
P N N O S Y M E I T A E R H E V P V R H A C
O B O J N A V I N O R T R E C H E O A B D J
L C M U S I M I N S U R C C E S A R H T E A
E B O R G A R E P E O C O S R A B P I C S E
C D L R V O A I S L L E I Y B A V A S A M I
S P O E C O R T H E G A T A G S I S E S L M
O F S A C I R H S O N I A H U G E S L L A S
K C I E T O V I J S S A M U G N T P E L S D
E R L U C I A P A O V U M C S I H S I E P T
E R A F A S G O R A S O C U M K R I N O S I
A L O M T T O E B T O H O I T S E D A M S L
L C W E B O N U N O S E U C T E N U D A E N
U E S A U E M K B E T W W A R I V E L I D E
N U T T G I X O C H S T E A K M V I K I R A
A T H H S O A O G U S I L R A G O E Y U O P
R R T A S I M I D A S I S A B U Z D L I L B
A I T S I F R I N U V O M O V E T I S I U Q
P V O T O A R H T E S A G O J O H N O I J F
K Y A R P A S T C A R R E T E P E N A N W K
R E T P B E C I E M T H G I T D L O H S S I
```

Printed in the United States
By Bookmasters